OS VENTOS DE KUMANO

No tatame como na vida, lições do
Aikidô para a Comunicação

Os Ventos de Kumano

Edições 70 é um selo da Editora Almedina do Grupo Editorial Alta Books (Starlin Alta Editora e Consultoria LTDA)

ISBN: 978-65-5427-281-0

Impresso no Brasil – 1ª Edição, 2025 – Edição revisada conforme o Acordo Ortográfico da Língua Portuguesa de 2009.

(BENITEZ Catalogação Ass. Editorial, MS, Brasil)

C984v
1.ed. Curado, Olga
Os ventos de Kumano : no tatame como na vida, lições do Aikidô para a comunicação / Olga Curado. – 1.ed. – Rio de Janeiro : Edições 70, 2025.
176 p.; 16 x 23 cm.

ISBN 978-65-5427-281-0

1. Artes marciais. 2. Aikidô. 3. Autoajuda. 4. Autoconhecimento. 5. Comunicação. 6. Superação. I. Título.

10-202498 CDD 150

Índice para catálogo sistemático:
1. Autoajuda : Psicologia 150
Aline Graziele Benitez – Bibliotecária – CRB-1/3129

Grupo Editorial Alta Books

Produção Editorial: Grupo Editorial Alta Books
Diretor Editorial: Anderson Vieira
Editor da Obra: Marco Pace
Vendas Governamentais: Cristiane Mutüs
Gerência Comercial: Claudio Lima

Assistente Editorial: Andreza Moraes
Copidesque: Luciana Félix
Diagramação e Projeto Gráfico: Andreza/Tangente Design
Capa: Beatriz Frohe

ALTA BOOKS
GRUPO EDITORIAL

Rua Viúva Cláudio, 291 – Bairro Industrial do Jacaré
CEP: 20.970-031 – Rio de Janeiro (RJ)
Tels.: (21) 3278-8069 / 3278-8419
www.altabooks.com.br – altabooks@altabooks.com.br
Ouvidoria: ouvidoria@altabooks.com.br

Editora **afiliada à:**
abdr
ASSOCIADO CBL Câmara Brasileira do Livro

OS VENTOS DE KUMANO

No tatame como na vida, lições do Aikidô para a Comunicação

Olga Curado

2025

Liberdade

o pássaro não escolhe voar.
voa.
o vento assopra.

APRESENTAÇÃO

Este é um livro sobre comunicação, a comunicação não-violenta inspirada no Aikidô, arte marcial japonesa segundo os ensinamentos de Motomichi Anno-Sensei. Os conceitos e recomendações apresentados estão além das regras dos manuais clássicos. O conhecimento é transmitido pela descrição dos treinos, são as experiências que ensinam.

A comunicação é a ponte que nos junta ao outro. Também pode ser o pretexto para que nos afastemos. A maneira como envolvemos o conteúdo intelectual, emocional, as crenças, e o apresentamos, faz a diferença, define o que temos, o que buscamos, o que há em comum entre nós.

Compreender o fenômeno da comunicação implica em reconhecer a vocação humana para a cooperação; exige que tenhamos em mente que os seres humanos são codependentes e que a organização social e a cultura são esteios para a sobrevivência.

"*No man is an island entire of itself*" – ou, numa tradução livre – Ninguém é uma ilha isolada em si mesma – é uma consagração do poeta John Donne[1] à importância de nos reconhecermos como parte do todo e implicitamente reafirma a comunicação como inerente à humanização.

Três séculos depois de Donne, Morihei Ueshiba, O'Sensei criou uma poética cujo símbolo é o movimento do corpo e a tradução é o movimento da vida. Batizou a sua arte de Aikidô. Oriundo de uma sociedade com grande tradição guerreira e pátria de artes marciais, Ueshiba Sensei vislumbrou a possibilidade da construção da paz justamente naqueles ambientes que chamam para a guerra, para a disputa. As artes marciais – artes da guerra – passariam, a partir da sua visão, a desempenhar uma função protetora da vida.

1 No Man is an Island'
No man is an island entire of itself, every man.
is a piece of the continent, a part of the main.
if a clod be washed away by the sea, Europe.
is the less, as well as if a promontory were, as
well as any manner of thy friends or of thine
own where any man's death diminishes me,
because I am involved in mankind.
And therefore, never send to know for whom.
the bell tolls: it tolls for thee.

Desde a disseminação do pensamento filosófico de Ueshiba Sensei, o Aikidô é citado em numerosas abordagens de gestão de crise, de conflito e para o desenvolvimento de lideranças. O mais frequentemente citado é o princípio de se "usar força do outro contra ele mesmo" ou a busca da harmonia como solução, valorizando-se as concordâncias. Muito desse aprendizado é o entendimento teórico, mas não pouco importante, das ideias de O'Sensei.

Uma questão, porém, sempre me afligia. Lendo e ouvindo o discurso enquanto olhava a prática da arte do tatame, nem sempre compreendia como aqueles gestos poderiam ser traduzidos no cotidiano e serem a base para a construção de um mundo pacífico. Era necessário investigar mais. Ainda que intimamente sentisse a verdade da proposta de harmonia por meio da arte, não ficava clara a dimensão simbólica dos kata (golpes) e um cotidiano mobilizado pelo amor – o Grande Amor – como dizia o Fundador do Aikidô.

Estava familiarizada com o trabalho de Pierre Weil e Roland Tompakow, "O Corpo Fala"[2], cuja linguagem silenciosa dos gestos é a representação de uma fala não dita em palavras. Nesse aspecto, o trabalho seminal de Weil não se faz de rogado ao levar ao mundo elementos importantes para aumentar o acesso aos significados, desnudando os discursos. Havia também outros sinais silenciosos com indícios importantes para a comunicação, corroborado por Paul Ekman[3] no estudo da linguagem das emoções expressas nas microexpressões faciais.

Do ponto de vista da maneira como as palavras podem ser usadas, a Comunicação não violenta de Marshall Rosenberg[4] e o trabalho de William Ury[5] são recursos fundamentais na estrutura e apresentação da fala e no estabelecimento de vínculos em que se deseja uma solução pacífica.

Como Aikidoísta, todavia, o meu objeto seria tentar traduzir aquilo que aprendi na filosofia do Aikidô e no tatame para as pessoas que não praticam a arte, intuindo na forma dos kata (os golpes) uma sabedoria ampla que teria impacto na qualidade dos relacionamentos.

A formulação que integra e dá significado à linguagem do Aikidô se revela nas três dimensões relacionais – o real, o simbólico e o imaginário, como o nó borromeano (Dunker, 2023). O ataque é o início do contato, desafia, limita e dificulta – o real; a resposta – o golpe – é o movimento de corpo que interpreta o acontecimento – o simbólico, e é definido pela imaginação, escolha de significado, dentro da própria experiência.

O ataque desferido pelo companheiro de treino exige que a resposta àquela imposição – o golpe – seja continuamente reaprendida com novos significados, definidos pelos parceiros

2 WEIL, Pierre; TOMPAKOW, Roland. **O corpo fala**: A linguagem silenciosa da comunicação não verbal. Petrópolis: Editora Vozes, 2015.

3 EKMAN, Paul. Disponível em: https://www.paulekman.com/ Acesso em: 20. Fev. 2024.

4 ROSENBERG, Marshall B. **Comunicação não violenta**: Técnicas para aprimorar relacionamentos pessoais e profissionais (nova edição). São Paulo: Editora Ágora, 2021.

5 URY, William. Possible. Disponível em: https://www.williamury.com/. Acesso em: 20. Fev. 2024.

e o momento da relação – o treino –, para criar uma realidade. A espiral contínua que nos mantém na grande sanga humana, na lógica da energia vital.

Numa madrugada, há quase duas décadas, tive um *insight* sobre o processo pelo qual o movimento no tatame reproduziria a realidade fora daí. Numa sincronicidade absurda, poucos dias depois de vislumbrar o meu novo método de trabalho baseado no Aikidô, encontrei um fragmento de vídeo de uma entrevista de O'Sensei com Terry Dobson, no qual ele qualifica o Aikidô como uma expressão da "Estratégia do Ki". O Ki, no Aikidô, é a energia vital – o que nas grandes tradições, por exemplo, é chamada de Prana, entre os hindus, e de Chi para os chineses. O método tinha um nome e tinha um processo, mas ainda faltava alguma coisa.[6]

Ao longo de anos, treinando quase diariamente por várias horas e guiada por colegas e professores, tentava descobrir o significado daquela Estratégia poderosa que aumentava a conexão com as pessoas, reduzia o potencial de conflito e gerava um imenso bem-estar. As técnicas ensinadas nas aulas eram variadas, os estilos dos instrutores e a disposição dos colegas nem sempre estavam bem ajustadas à filosofia da não agressão, e permanecia um elemento de inquietação: haveria um caminho que não se mostraria apenas na repetição técnica da prática?

Foi onde O'Sensei ouviu as vozes dos deuses que o conectaram com a nova perspectiva para a construção da paz que encontrei, finalmente, a tradução dos movimentos do tatame como espelho da vida – que não flui sem que nos conectemos uns aos outros. Mas precisei receber instruções que não vieram da técnica, vieram do coração, em Kumano, no Japão.

Em Kumano, os ventos sopram os sussurros de sabedoria e amor dos deuses milenares que fazem parte da alma japonesa. São as falas da natureza. A natureza é sagrada e ensina, revelando-se a si própria. Das montanhas, limites e estabilidade; do grande mar, os mistérios e a grandeza; dos córregos, a fluidez e determinação prudente; das cascatas, a alegria e a coragem; das imensas rochas, a resiliência; das florestas de cedro que recortam a paisagem, beleza e generosidade. Do próprio vento, a gratidão pela habilidade de poder espalhar, sem barreiras, carinhosamente, a presença dos deuses.

A região de Kumano faz parte da antiga rota de peregrinação de Kumano Kodö Iseji, nas montanhas da Península de Kii, um dos mais importantes destinos turísticos do xintoísmo e budismo nipônico. Descrita na compilação de "Nihon Shoki" (Antigas Crônicas do Japão), toda área de Kumano tem sido reverenciada como um ponto de poder desde os tempos antigos. São muitos rios, cachoeiras, fontes termais, santuários e templos ao longo da rota.

Para escutar os ventos de Kumano é necessário o silêncio da mente e o vazio do ego. São inaudíveis no tumulto vaidoso do julgamento, da diferenciação. É preciso a disponibilidade e convicção de ser-se quem se é, e com o outro.

6 TAKEMUSU AIKIDO AND MARTIAL ARTS CHANNEL (Youtube). Morihei Ueshiba talks about Aikido with Terry Dobson. Disponível em: https://www.youtube.com/watch?v=SPJusGZywW0&t=27s. Acesso em: Set. 2023.

Morihei Ueshiba Sensei foi porta-voz dos ventos de Kumano ao criar o Aikidô – o caminho da energia interna – por meio do qual também podemos escutar a nós mesmos e praticar a estável serenidade das montanhas, a humildade diante dos segredos do oceano; a perseverança cuidadosa, coragem e alegria dos riachos e quedas de água, o seguir existindo das rochas; a beleza das matas; a gratidão.

Motomichi Anno-Sensei, aluno e discípulo direto de Ueshiba Sensei, transcendeu as técnicas que organizam movimentos físicos na prática do tatame de Aikidô e traduziu com gestos amplos do corpo e da alma o significado dos sussurros dos ventos de Kumano.

Os aprendizados com Anno-Sensei, a transmissão de uma sabedoria amorosa, orientam a tradução dos ventos de Kumano para práticas além do tatame. Para Anno-Sensei, gratidão e afeto.

O DESAFIO DA COMUNICAÇÃO

Tóquio é uma megalópole

A cidade é um exagero em opções de consumo de todos os tipos. A quantidade de letreiros e convites nas áreas mais comerciais é atordoante. Cada qual querendo chamar mais a atenção sobre si, sem qualquer pudor nas formas e nas cores.

Aquele espírito buliçoso dos *outdoors* parece permear as pessoas que transitam rapidamente como se tivessem sempre atrasadas para os seus compromissos. Centenas, milhares delas se acotovelam nos corredores dos metrôs, nos cruzamentos das avenidas, como se saídos de um universo paralelo com suas roupas pretas, ou vestidos flutuantes como personagens de livros infantis – há princesas e bonecas, *geeks* bem-comportados e executivas formais. O cruzamento icônico de Shibuya é a imagem mostrada em filmes quando se fala do grande formigueiro humano.

Os estrangeiros e turistas são facilmente reconhecíveis pelo ritmo mais lento e a perplexidade com que admiram as fachadas dos imensos prédios, a arquitetura que desafia a gravidade, as conversas em tom alto, as consultas nos seus celulares.

O tempo parece ser o inimigo diário. A urgência está em todo lugar. Na loja de conveniência, no supermercado, o funcionário é substituído pela máquina de contar dinheiro e dar o troco e os clientes pegam o próprio café na máquina e bebem ali mesmo.

Nos restaurantes, os pedidos são feitos pelas telas *touch screen* na entrada do local – e ali se paga a refeição que chega em minutos na mesa do cliente ou na bandeja no balcão, embalada para levar; os cardápios são fixos: café da manhã, almoço, jantar, escolha o combo; nos parques, nos metrôs, nas estações de trem, a troca de moeda estrangeira, tudo é feito em máquinas que automatizam o serviço, sem tempo para customizações.

Os mortais que trabalham jornadas de dez, dozes horas diárias andam em média 8 quilômetros – invisíveis – por dia, entre as estações de metrô nos subterrâneos da cidade.

Mas sempre há o luxo. E Tóquio tem o luxo do luxo. Vitrines com roupas, cosméticos, acessórios com preços de itens pessoais que afrontam salários de trabalhadores de qualquer indústria ou serviço – são feitos para patrões e oferecidos com naturalidade.

E não há uma única maneira de viver a estupefação da grande explosão urbana.

Andar pelas ruas de Tóquio é uma experiência sensorial imensa. A estética dos letreiros, as fotos, as imagens das fachadas, também remetem a um videogame. A movimentação das pessoas, na sua grande maioria, não se dá à luz do sol. É nos subterrâneos do metrô que acontece o deslocamento, o ir e vir da população. Isso engana aqueles que no primeiro contato com a cidade se surpreendem com a tranquilidade das avenidas. A cidade tem dois níveis: um exposto e mais visível e outro de grande força, mas que precisa ser penetrado pelas estações dos trens.

Em uma das áreas mais centrais de Tóquio fica o Hombu Dojô. O Dojô central da Fundação Aikikai, que centraliza e dirige o ensino do Aikidô de Morihei Ueshiba, gerenciado pelo neto dele, o Doshu, Moriteru e pelo seu filho Naka Sensei. Ali é a Meca dos praticantes de Aikidô do mundo inteiro, que desejam aprender a arte de O'Sensei.

É mandatório a todas as pessoas que desejam praticar profissionalmente o Aikidô como instrutores, que tenham o reconhecimento formal da Fundação Aikikai, do Hombu Dojô, que emite o certificado de graduação, atestando o conhecimento do pretendente a ensinar. Muito além da faixa preta, a conquista inicial requer de 5 a 7 anos de treinos até que se chegue aos graus de excelência, envolvendo muitos outros exames e pré-requisitos.

A busca pela sabedoria exige coragem, além do reconhecimento formal de diplomas. Conhecimento não é sabedoria e este poderá ser absorvido por meio de repetições orientadas para que o aluno realize os movimentos da arte. E nem sempre é fácil ouvir a inquietação interior, a voz do destino que deseja realizar a si mesmo e que aponta para caminhos que não tem o carimbo institucional.

O meu destino me conduzia para longe de Tóquio, para a distante cordilheira de Kii, em Kumano, a pequena Shingu, a cerca de 600 quilômetros de distância da cidade grande, ao sul da ilha. Lá se resguardavam os deuses que sussurraram a Morihei Ueshiba O'Sensei, o Fundador do Aikidô, a arte.

Os ensinamentos trazidos pelos ventos de Kumano, nas lições de O'Sensei materializadas no comportamento, nas palavras, nos treinos de Aikidô com Motomichi Anno-Sensei e outros muitos praticantes da arte, teriam respostas a questões para a minha vida pessoal, social e profissional. E me fariam reconhecer que as minhas perguntas não me são particulares. Faço parte de um tempo, de uma espécie que se distancia ao evidenciar as nossas diferenças e fechar os olhos para os sonhos em comum.

As encruzilhadas nos relacionamentos começam na comunicação, a que estabelece conexões e a qualidade dos nossos vínculos. O Aikidô é a arte da comunicação, exige entrega corajosa ao potencial criador e criativo. A arte não aceita o limite do medo, sob pena de se tornar uma expressão medíocre. E o medo não é apenas uma resposta a uma ameaça imaginária ou real; é a condição de todos nós quando nos acreditamos incapazes de ser quem somos.

• • •

Kanji nº 1: Sinceridade Humana.

Caligrafia e significado cedidos por Anno-Sensei à autora, com tradução de Takashi O-ta.

Estar integrado a uma comunidade é o primeiro desejo e o primeiro desafio do ser humano. O que nos vincula é a nossa inerente habilidade de comunicação.

O que nos liga às pessoas é o desejo de ser parte da história delas e de compartilhar a nossa própria existência, estar incluído e ser amada, amado. Não há possibilidade de caminhar sozinho, isolado das dores e das alegrias que as relações nos propõem.

Como nos damos, intervirmos ou integramos as nossas vidas são traduções de variadas visões de mundo oferecidas por gigantes do pensamento, por mentes iluminadas para responder às nossas indagações, angústias e ansiedades. Religiões, filosofias, práticas de todos os tipos que visam alinhar corpo e mente são receitas preciosas para, à medida que evoluímos, contribuirmos para a convivência no nosso entorno e para a mudança do mundo para melhor. As respostas têm em comum uma advertência: o que buscamos será encontrado dentro de nós.

O caminho que nos leva a esse mergulho interno é uma escolha pessoal. Faz sentido enquanto é um percurso feito com autenticidade, sem esforço, com alegria, com compromisso, com constância. Em mim, o acesso às respostas às minhas indagações foi auxiliado pela prática do Aikidô.

Os DO são caminhos, mas eles não nos asseguram um porto seguro. O caminho – como a sabedoria que o TAO provoca – é o caminhar do caminhante. Ele não é sinalizado por uma estrela guia; o caminho é construído a partir dos passos dados. O andarilho tem em si a motivação da caminhada, fiel a si mesmo, não exige sacrifício e se alegra com os companheiros de jornada.

Embora as escolhas sejam íntimas e intransferíveis, o andar pelo mundo não é solitário. Conectar é se ligar ao outro, é o ponto inicial para que a troca aconteça.

A conexão é a ponte e é impulsionada pela intenção. A intenção é para onde aponta o desejo. A conexão é o instante da "ligação" com a outra pessoa, quando instantaneamente é feito o contato – como uma tomada – que irá permitir o fluxo da comunicação. Comunicar é realizar a troca.

Bloqueios cognitivos, como julgamentos e expectativas de apreciação de si, impedem uma conexão direta e simples, porque não se está no tempo presente, mas no passado – analisando – ou no futuro, predizendo e tentando controlar.

A comunicação humana é o fenômeno que nos posiciona em relação ao contexto e ao outro, a partir do eu. O "eu" é a construção individual demonstrado na personalidade e no estilo, e surge a partir da leitura feita da própria história, das heranças e ambientes, crenças, sentimentos, valores, desejos e explicações, expressos no corpo, na voz, por meio das palavras e gestos, cuja síntese é a energia pessoal.

A palavra comunicação – do latim *communicare* – é a habilidade de dividir alguma coisa com alguém. Significa essencialmente entregar e receber ações complementares e indispensáveis quando nos conectamos. Para que a conexão se mantenha, os conteúdos compartilhados são recebidos e compreendidos.

A comunicação cria as pontes e nos aproxima da outra pessoa. Exige reconhecer e admitir diferenças de visão, de interesses, de vontades e habilidade para manter a harmonia; todas as relações são codependentes.

Nem sempre nos expressamos no vocabulário ao alcance da outra pessoa. Usamos referências que não fazem parte das experiências dela e quanto mais repetimos com nosso próprio jargão, mais ruídos. Utilizar exemplos, comparações e ter disposição para aceitar que a outra pessoa pode não entender o que dizemos, derruba o muro do vitimismo.

Os relacionamentos sustentados com autenticidade e honestidade mantém nos gestos, nas ações, a naturalidade da sabedoria intrínseca ao ser. Reflete a liberdade de ser quem se é, como o pássaro que não escolhe voar, apenas voa.

• • •

O Aikidô é um espelho das relações humanas: aprendemos quando observamos a maneira como respondemos às circunstâncias. A metáfora dos movimentos do corpo, como todos os símbolos, faz a síntese do conhecimento que é disposto em camadas e acessado pela experiência atenta.

São as mesmas as venturas, desventuras e aventuras dentro e fora do tatame de Aikidô, afinal caminhamos igualmente lá e cá.

Assistir a demonstrações por Aikidoístas habilidosos é um espetáculo prazeroso. A beleza da condução circular, as quedas, a agilidade, o rigor na execução, na neutralização de ataques, na imobilização, na elegância da postura, remetem a um balé. Aliás, é justamente a forma que ilude a quem olha, atribuindo ao Aikidô qualidades "coreográficas" sem a eficácia de uma arte marcial genuína, que possa realizar a defesa pessoal.

Mas o Aikidô também é chamado de "Zen em movimento". O Zen comunica sem palavras, ou, por outra, com palavras intrigantes na forma de Koan, em que o aparente absurdo da formulação desconcerta o aluno. É numa relação direta, numa experiência, sem a intermediação intelectual, que surge o *insight*.

O budismo Zen teria surgido durante um sermão de Buda em que ele levanta uma flor e a mostra para a plateia sem nada dizer. Ao fazer isso, um dos assistentes, Mahakashyapa, que viria a ser o sucessor de Buda após sua morte, sorri. Buda diz – *Mahakashyapa foi o único que entendeu.*

Essa tradição fala sobre o fato de o Zen verdadeiro, a sabedoria (o Dharma) verdadeiro, ser transmitido além das palavras. A experiência profunda não pode ser descrita por elas.[7]

7 DAISSEN. O único que entendeu, 2012. Disponível em: https://www.daissen.org.br/o-unico-que-entendeu/. Acesso em 01. Set.

Mas não podemos renunciar às palavras, recurso civilizatório para compreendermos e sermos compreendidos. E elas podem nos levar a cantos da alma, como a poesia que traduz sentimentos e visões de mundo com a delicadeza suficiente para experimentarmos novas emoções.

Abrir-se às percepções permite descobertas nas rotinas mais cotidianas. Ao longo de mais de duas décadas de treino eu ainda me surpreendo com os segredos e instruções escondidas na maneira como movimentamos nossos pés, mãos, braços e na postura do corpo. Muito além do "corpo fala", acontece a revelação tridimensional de pensamentos, sentimentos, desejos e crenças.

O pensador e neurofisiologista Antonio Damásio[8], em suas pesquisas fala da homeostase, a busca de equilíbrio pelo organismo para se manter vivo, impulsionado pelo sentir.

A função primordial da vida é subsistir. Para isso, desenvolve mecanismos de redundância entre os órgãos para que as falhas de uns sejam socorridas pelos outros. A vida exige cooperação.

Ao reconhecer o Aikidô como o espelhamento da vida, vejo que ele reproduz essa estratégia. Definir uma estratégia é escolher meios e reunir os recursos para alcançar o objetivo dentro de um determinado tempo.

Energia é Ki em japonês, do Aikidô – a harmonia (Ai) como o caminho (Do) da energia (Ki). Portanto, a "estratégia" – o caminho da energia é a comunicação, a reunião compartilhada de conteúdo.

Num encontro com Terry Dobson[9], o Fundador do Aikidô, Morihei Ueshiba diz "(...) *eu quero utilizar a estratégia do ki, a estratégia do espírito de aiki*" descrevendo o que é o Aikidô.

A estratégia não é um estratagema. Portanto, ninguém será ludibriado. A estratégia do Ki, a energia vital – na tradição hindu chamada de Prana, na China de Chi – é a própria "ânsia da vida por si mesma",[10] cujo desejo é o da autopreservação.

A vida não se mantém "por si", isolada. É o resultado de interações, de trocas e de conexões. A vida é uma manifestação, uma ação, um movimento. A Estratégia do Ki é o método para objetivos éticos: autopreservação, preservação das outras pessoas, do meio ambiente. É uma tradução de como a vida, na sua busca por si mesma, instrui.

Os fundamentos filosóficos do Aikidô têm sido descritos e utilizados para o desenvolvimento de habilidades de liderança, de gestão de crises. A jornada de uma vida é a busca por integrar, de maneira deliberada, a estratégia do Ki, o Aikidô, nos nossos relacionamentos.

2023.

8 DAMÁSIO, Antônio. **Sentir e saber**: As origens da consciência. São Paulo: Companhia das Letras, 2022.

9 TAKEMUSU AIKIDO AND MARTIAL ARTS CHANNEL (Youtube). Morihei Ueshiba talks about Aikido with Terry Dobson. Disponível em: https://www.youtube.com/watch?v=SPJusGZywW0&t=27s. Acesso em: Set. 2023.

10 GIBRAN, Kalil. **O Profeta**. São Paulo: Martin Claret, 2013.

O resultado é a qualidade da conexão, da comunicação e da liderança – escolhas feitas sem confrontar a natureza da vida, que, para se sustentar, exige cooperação e autenticidade; exige coragem.

• • •

1

O ENFORCADO

Uma, duas, três vezes em quinze dias e uma semana antes da minha viagem para o Japão, a resposta do Tarot à minha pergunta a respeito dela era a carta 12, O Enforcado.

Uma das mais temidas cartas do Tarot, ao lado da Torre, do Diabo e da Lua, o Enforcado é o prenúncio de sacrifício, de dificuldades em que as possibilidades de agir estão afastadas. É a figura de uma pessoa presa pelo pé, imobilizada, de cabeça para baixo, e um sorriso meio beatifico.

Uma das inspirações da carta seria o mito de Prometeu acorrentado. O herói insubordinado aos deuses do Olimpo roubou o fogo divino oferecendo-o aos seres humanos. Foi castigado. Acorrentado no alto da montanha do Cáucaso tinha seu fígado comido todas as noites por uma águia. Ao longo do dia o órgão regenerava para ser novamente comido. O castigo durou várias gerações até que foi libertado pelo herói Hércules.

A punição do imortal Prometeu foi a resposta de Zeus àquele que busca o conhecimento.

O fogo é um símbolo do saber. O imortal Prometeu ao aparecer imobilizado representa um sacro ofício – o sacrifício – necessário para a obtenção da liberdade que representa a sabedoria, porque ela oferece o poder de escolha aos seres humanos, a transcendência sobre os animais, escravos dos seus instintos.

Uma interpretação da carta, mais benevolente, e que aplacaria um pouco o frio na barriga e os calafrios na espinha, é aquela em que o mito nos aponta para a capacidade de mesmo imobilizada, a pessoa poder enxergar a realidade a partir de uma nova perspectiva, beneficiando a si e aos outros.

A imobilidade representa ficar totalmente à disposição da vontade dos deuses. Sabe-se lá se estariam eles tomados por alguma fúria ou com benevolente disposição...

Encarar a realização de um sonho, a viagem à remota Shingu, cidade no sul do Japão, escondida entre as montanhas de Kumano, aprendendo com o mestre do Aikidô, Anno-Sensei, durante dois meses, era uma ambição longamente acalentada durante os anos de pandemia. Os sentimentos agora eram confusos.

Eu embarcaria para Kumano, região denominada "terra dos deuses". Ali, desde tempos imemoriais, realizam-se rituais, festivais às divindades que habitam as montanhas, as rochas, os rios, cachoeiras e florestas segundo tradição xintoísta.

Haveria deuses de sobra para todos os momentos e angústias. O que eu não tinha certeza era do humor deles e da minha capacidade em aceitar com serenidade o que viria.

As passagens estavam compradas. A reserva para a estadia feita e paga. Os compromissos em casa, adiados. O anúncio à família e aos amigos, formalizados.

Apenas as malas por serem, mais uma vez, arrumadas.

Feito.

Embarquei. Ao encontro do Enforcado, ao encontro dos deuses.

Trilha de peregrinação para Nachi, a busca pela divindade.

Estava em Shingu.

Entreguei-me à aventura.

Tinha guardadas as impressões da minha visita anterior.

Quando ali estive cinco anos antes, fui movida por uma série de eventos sincronizados. Soube sobre Anno-Sensei a quem vi em um curto vídeo postado na internet, anos antes, de um seminário dele em Santa Cruz, no Dojô de Linda Holiday Sensei.

O encontro foi especial. Experimentei o Aikidô como não treinara antes e que fazia muito sentido para mim.

As formas amplas, o desenho largo e a leveza nos movimentos escondiam a eficiência dos golpes. A elegância não mostrava o poder dos gestos. Não havia quinas na execução dos golpes, mas as pessoas eram arrastadas de forma inclemente no tatame, movimentadas por gestos aparentemente banais.

A prática no Dojô e a presença de Anno-Sensei eram transformadores. Se um pesquisador me indagasse o que produzia em mim tanto impacto, provavelmente eu balbuciaria uma lista de elogios irrigados a gratidão e a deslumbramento. Não sabia isolar o que me mobilizava.

Teria mais tempo para compreender a linguagem do Aikidô vindo pelas falas dos deuses de Kumano. Anno-Sensei citava o Fundador Morihei Ueshiba, que atribuía à sua arte uma manifestação dos espíritos das deidades residentes nas montanhas sagradas da região.

O tempo correu e a data chegou.

O primeiro a se fazer para que um projeto se concretize é marcar datas. O calendário faz a contagem regressiva dos meses, das semanas, dos dias. As horas antes do embarque passam velozmente.

Logo se está na sala de embarque e num instante – vencidas as rotinas aeroportuárias – prestes a se sentar na sua poltrona. Seriam longas horas, em duas etapas, um total de 30 horas até Tóquio. De lá, um novo voo até Osaka, mais uma hora, e então um trem, outras 4 horas, e Shingu.

Os meses de abril e maio são especialmente propícios para viajar ao Japão. A primavera traz a floração das cerejeiras, que podem ser vistas a partir de março em todo o país. Kyoto, na região mais próxima a Kii, Wakayama, onde está Shingu, é o cartão postal do país nessa época do ano quando as centenas de árvores pintam de cor de rosa a cidade.

Antevia as paisagens também nas montanhas que circundam o litoral da península de Kii, cobertas de florestas – algumas delas plantadas, outras nativas – criando uma fascinante aquarela.

A empolgação pelo retorno a Shingu não afastava totalmente a minha insegurança com o projeto. Eu me planejei financeiramente para ficar "em férias" por 60 dias, essa não seria a maior das preocupações. O que perturbava era a imersão no treinamento – estaria

Santuário de Kamikura o mais antigo santuário de Shingu, Kumano.

preparada? Como estaria a minha saúde? E se alguma coisa acontecesse? – o fantasma do medo criando uma ansiedade que diminuía a expectativa prazerosa.

Incertezas aparecem, mesmo na certeza.

Na primeira visita tive o apoio de John, que se tornou um amigo. Americano, aluno de Anno-Sensei, morava em Shingu havia cinco anos, e era meu intérprete em todas as horas do dia, além de meu cicerone amável e disponível fora dos treinos.

Mas John voltou para os Estados Unidos. Nosso contato agora era por e-mail, difícil ter o socorro imediato dele em alguma urgência. Eu teria uma rede de proteção – ele me garantia – alguns amigos com conhecimento de inglês iriam me ajudar.

A promessa dele me tranquilizava um pouco. Mas ainda tinha a companhia de fantasmas, do que poderia acontecer, – sem ter claras as hipóteses de tragédia.

O medo me rondava quando eu parava uns instantes repassando a programação. E se? E se? Se, o quê? – Doença, morte... tudo embalado na incomunicabilidade pelo analfabetismo no idioma.

Seguro saúde? Cartões de crédito? Sim; dinheiro em papel? Sim; bolsinha de remédios – alergia, gripe, dores musculares, homeopatia, bicarbonato de sódio... vai que, melatonina, vitamina E, Vitamina D, Ômega 3... sim, contados um a um para toda a estada.

Só faltava a internet. Tudo certo. Dois chips da *America Chip* com acesso a *WhatsApp*, maps, translator, telefone, onde estivesse. Garantido.

O que a aventura exigia era conexão de internet, 24 horas por dia, estável e segura. E isso estava resolvido. Ou não.

• • •

Aconteceu o possível, mas impensável no meu planejamento. O chip internacional que iria me manter ligada ao mundo não funcionava.

Cheguei a Shingu sem internet no celular, numa cidade no Japão profundo. Completamente perdida, saindo do trem que milagrosamente – e com muita adivinhação – consegui pegar e chegar aí, - na estação ferroviária da cidade. E não sabia para onde ir!

Não sabia como me comunicar com o hostel; se devia ir para lá para acolá. Olhava com perplexidade os letreiros, as ruas. O movimento tranquilo de final do dia. Havia me organizado para terminar a viagem à luz do dia, mas não iria durar muito.

No mapa do trajeto da estação ao hostel, que prudentemente imprimi, a distância entre os dois pontos era de 500 metros, mas, em que direção? Para mim, informações esotéricas são o norte, sudoeste e todas as variações de rumo apontadas por uma bússola, ou gps – preciso da vozinha, vire à direita, vire à esquerda...

Resolvi apostar numa direção. Empurrava uma mala grande de 23 quilos, uma mala de mão com 11 quilos, e uma mochila de uns 6 quilos nas costas. A tensão engoliu o cansaço.

Revisei mentalmente o meu contato pelo Airbnb com os meus anfitriões. Tinha informado o meu horário de partida de Tóquio, meu voo de Osaka e a hora aproximada de chegada na estação de Shingu.

Andava como se soubesses para onde ir, mas totalmente confusa no planeta Shingu – ouço uma voz me chamando – Olga, Olga e uma buzina. Era Daijiro, a minha anfitriã!

Estava a salvo! Ajudou-me com as malas – sim, estava de carro e em menos de cinco minutos percorremos os 500 metros da rua em frente à estação de trem até o hostel. Chegaria na minha nova casa para os próximos 54 dias.

Teríamos apenas mais um obstáculo a superar: subir as malas pela escada até o quarto andar. Era uma mala grande e fui tirando aos poucos o seu conteúdo. O que pesava eram as cinco embalagens de doces caseiros que mandei fazer por encomenda para presentear Anno-Sensei e os colegas do Dojô. Além de três ou quatro livros que iriam me fazer companhia. Era impossível levar aquele peso de uma vez.

Daijiro pacientemente participou do meu sobe e desce e finalmente pude ficar a sós com a minha bagunça e rápida frustração com as acomodações. Monásticas.

Resolvida a emergência inicial da chegada, substitui aquele pânico por outro. Como sobreviver sem internet no celular? Estava internet-dependente.

Há momentos em que o mundo parece nos dar menos do que temos direito. São as coisas que nos parecem indispensáveis, aquelas às quais nos acostumamos e ficamos dependentes. A lista vai crescendo enquanto olhamos o mundo como uma realidade na qual o nosso esforço deve ser cada vez menor.

As nossas necessidades mudaram com o tempo. Me permiti divagar. E a tecnologia é a nossa garantia de sobrevivência. Divagação totalmente desnecessária. Os medos também nos distraem.

Deixei a filosofia de lado. Só queria um banho. E dormir. Mas são apenas 6 horas da tarde.

O meu relógio biológico não quer saber. Iria se acostumar aos poucos, era previsível, com a melatonina enganando o meu ritmo circadiano.

O sono foi tumultuado. E chegou a manhã. Cedo. 5h30.

Repetia a mesma experiência da véspera. Perdida. Pendurada como o Enforcado, olhando o mundo por ideogramas incompreensíveis, os letreiros das ruas.

Andava dando voltas em ruas estreitas, na tentativa de encontrar a ponte sobre o rio Kumano para chegar ao Dojô. Seria simples, no mapa impresso: uma reta, 500 metros – outros 500 – à esquerda, 300 metros e à esquerda: lá estão o rio e a ponte.

Só a mágica poderia me tirar de uma situação dessas. Ou uma oração poderosa. Experimentei a fé no desconhecido e numa intuição medrosa.

Adivinhei o trajeto e consegui chegar ao Dojô depois de quase uma hora de peregrinação. Era a minha primeira trilha no Kumano Kodo.

De volta, sobrevivente da tortura que é ficar sem rumo, resolvi encarar a situação. Preciso do Google maps.

A minha desventura só teria um desfecho três dias mais tarde. Parecia um episódio interminável de Porta dos Fundos, em que a agonia de tentar encontrar a porta de saída sempre esbarrava no muro da incomunicabilidade. Tentava rir da Judith, personagem de Fábio Porchat, lembrando o episódio que é um ícone da incapacidade de se fazer compreender e ser compreendido na realização de um desejo simples e que depende do outro: cancelar a linha telefônica. A súplica só encontra o *script* de um labirinto de respostas circulares, próprio dos *call centers*.

Eu torcia para que no final tivesse alguma graça, a agonia seria longa e lenta.

Não basta estar conectado. Era preciso conseguir comunicar.

Foram 8 horas de conversa via mensagens do *WhatsApp* com três diferentes atendentes da *America Chip*.

Eram 9 da noite quando veio a Natália. Qual o modelo do celular; troca de operadora – não tem essa opção no Android, tire o segundo chip do celular, tirado; entre em configurações móveis – desativar o automático, não desativa, me mande o *print*, *print* enviado. Altere o caminho: configurações, conexões, redes móveis, pontos de acesso, editar e salvar o primeiro ponto, nome cmlink – APN cmlink, clique nos três pontinhos superiores direito, aperta em salvar, feito, mantenha o *roaming* de dados sempre ativado... espere 10 minutos depois desligue o celular e ligue novamente...

Se ter essa conversa uma vez com a Natália foi um longo exercício de paciência – pelos espasmos da espera entre uma resposta e outra e por minha deficiência em manobras tecnológicas não treinadas, imagine repetir esse longo questionário, ao longo de seis horas com Yago – só mudou ter que esperar 15 minutos para religar o celular, e ouvir um desculpe senhora – a atendente anterior deu instrução errada sobre o ponto de acesso, volte lá e digite... cm e depois... outra vez... agora chegou a Vitória – complicando um pouquinho – ela quer que eu abra novamente o celular e fotografe o chip... e siga aquele roteiro da Natália e do Yago, mas não funciona! Acabou o horário da Vitória. Volta a Natália e faz as mesmas perguntas!

— Natália, você tem acesso ao meu protocolo e à memória do atendimento?

—Tenho sim, senhora!

Então, meu Deus, sou subitamente tomada por uma religiosidade indomável, por que estamos fazendo tudo novamente? Já vimos que não dá certo!

— Um momento, senhora!

Um não, vários momentos, como de todas as outras vezes.

— Natália, eu comprei dois chips – 30 dias para cada um. Esse está com defeito. Será que não podemos ativar o segundo chip e manter ativo por 60 dias?

— Momento...

Novamente, passam-se vários momentos. No final dos quais:

— Vou falar com a operadora para ativar o seu chip. O novo. Pode colocar.

Como eu conseguia conversar? Usando a internet do hostel, cuja senha de doze caracteres já sabia de cor, porque se deixasse de utilizar por 10 minutos era necessário reconectar.

Eu começava a entender o que significava um "enforcado".

Três da manhã. Está funcionado.

Era o prenúncio do que eu deveria aprender a resolver.

O desafio da comunicação não é um problema apenas de tecnologia. Nem de conexão que envolvem chips. O mal-entendido está no centro do problema. São receitas, roteiros e conceitos rígidos que não admitem situações novas, afinal tudo teria sido planejado algoritmicamente e a eficiência comprovada em milênios – para quem espera – de práticas.

Depois de a tortura terminar ainda fica um pouco dolorido.

Mas havia compensação à vista: um tatame. A promessa de experiência prazerosa e de aprendizado.

O êxito das minhas tratativas com as atendentes e o atendente da *America Chip* noite e madrugada adentro me sinalizaram: eu poderia fazer mais do que imaginava.

Mas precisava de ajuda.

• • •

Minha roupa suja havia se acumulado. A pequena máquina do hostel lava, mas não seca.

O tempo nublado e a perspectiva de ficar com roupa úmida, lentamente secando, pendurada nos cabides nas cordas improvisadas no salão do quarto, me desalentavam. Além de tudo não ficariam fofas, como que passadas.

Pesquisei no Google Maps a localização de uma lavanderia com máquinas de moedas. O meu senso de direção corrigido pelo aplicativo me direcionou para um pequeno prédio, ao lado dos correios.

Não estava íntima do Google Tradutor, e não sabia como as máquinas funcionavam. Ainda iria desenvolver uma boa amizade com o aplicativo de tradução. Isso só floresceria dias mais tarde na medida em que novas situações surgiam e exigiam que eu entendesse o que estava nos rótulos de comida, por exemplo.

Olhei as máquinas com satisfação. Entretanto, tinha uma questão para solucionar imediatamente. Mas como operar as tais máquinas? As instruções lindamente expostas em quadrinhos nas paredes mostravam o que fazer. Em japonês.

Tinha dúvidas: as máquinas já tinham sabão?

Voltei ao hostel para buscar a roupa suja.

O hóspede, um japonês dos seus 50 anos, sentado na sala de estar parecia distraído com algum jogo no celular. Era por volta das 9h30 da manhã. A lata de lixo da cozinha estava aberta, dentro, latinhas de cerveja. Na pequena geladeira mais duas latinhas. Dry Asahi! Aparentemente muito popular entre os consumidores.

- Sumimassen! Com licença!

Preciso de uma ajuda. Fiz a pergunta arranhada com um inglês cuidadoso e inúmeros gestos que incluíam o meu cesto de roupa suja. Era preciso colocar sabão e amaciante nas máquinas de lavar?

Ele me perguntou se eu sabia onde ficava a lavanderia. Sim, perto daqui. Eu vou com você e mostro. Gentilmente me acompanhou e saímos.

Andamos os cerca de 500 metros – tudo parecia ter essa distância em relação à minha moradia temporária.

Ele olhou com atenção cada instrução fixada nas paredes na lavanderia.

Também estava aprendendo sobre o funcionamento das máquinas. Ficou satisfeito com o próprio entendimento e foi me mostrando. Aqui a roupa, aqui a temperatura, aqui as moedas – há uma pequena máquina fixada na parede para a troca de 1 mil ienes em moedas de 100, necessários para lavadora e secadora. Para a máquina maior, 400 ienes. O sabão e o amaciante estão incluídos dentro da própria máquina.

— Você quer água regular, quente ou fria?

— Regular – quer dizer, morna, morna – quando tem algodão – e tinha peças de algodão – elas podem voltar um número menor se a água estiver muito quente.

Depois, continuou: aqui na secadora, só colocar a roupa. No segundo botão tem a temperatura. Melhor deixar como está, no morno – põe as moedas – o máximo de 40 minutos – então 400 ienes.

Eu estava feliz. A roupa estaria lavada e seca. Contava com isso quando fiz a minha mala. Trocas suficientes para lavagens semanais, ou um pouco mais frequentes, se estivesse calor e o suor impregnasse o dogui.

Tinha tempo para um café – ir até a Lawson, loja de conveniência, no outro lado da rua, três minutos andando do hostel, segundo o colega de hospedagem. Esse seria mais um endereço muito útil durante toda a minha estada.

— Um café? Posso lhe oferecer?

— Não – riu – já estou na cerveja.

— Então a cerveja.

 Um guru, um professor, é um Poupatempo.

Podia me imaginar na tentativa e erro descobrindo de um jeito ou de outro como lavar e secar a minha roupa. Nisso até desenvolveria habilidades importantes que seriam úteis mais tarde. Mas eu precisava lavar a roupa naquele momento.

O japonês solidário não precisava ter todas as qualidades de um ser humano – sequer a iluminação temporária de um bodisatva que domina os segredos da completa sabedoria para me ajudar. Devia possuir um conhecimento específico que eu não tinha, e naquele instante me fazia falta. Afinal, a roupa não se lavaria sozinha e eu precisava dela limpa.

A boa comunicação é possível quando a seleção dos recursos permite uma compreensão mais fácil e rápida: a simplicidade na economia de palavras e a atitude correta. Há gurus – guias – que compartilham seus saberes desde que a gente saiba o que perguntar e quando.

A confusão na comunicação surge também nas perguntas: as respostas ficam sem sentido. E, se há um mal-entendido, é quase automático atribuir a falta de esclarecimento a quem é indagado. É mais cômodo do que observar o nosso equívoco – a falta de clareza, o tom da fala e a impertinência.

Cada pessoa pode nos ajudar com o que tem. O desafio é saber pedir e saber receber. O copo emborcado não aceita o líquido, o sujo corrompe o conteúdo, quebrado, deixa que escape.

Autossuficiência provoca pressuposição e mais falhas de entendimento de uma situação, levando a erros de posicionamento e de avaliação dos fatos. A arrogância rejeita ajuda. E a roupa continua suja.

Em qualquer caminhada, se não conhecemos a estrada, a sinalização é essencial para que a gente não se perca. E bastões são o suporte dos peregrinos.

• • •

Kuretaro Hine-Sensei parou o carro à margem da estrada. De um lado e de outro a paisagem era majestosa. As altas montanhas cobertas de árvores desenham o horizonte. Estávamos entre elas. A estrada era uma sequência de túneis. Íamos por dentro das montanhas.

De onde estávamos, Hine-Sensei e eu podíamos avistar a entrada de uma trilha indo na direção da mata. Hine-Sensei abriu a porta traseira do carro e tirou de dentro dele um bastão de caminhada.

— É um presente. Eu fiz para você.

O bastão, feito de um tipo especial de bambu, havia sido selado com fogo. Os nós naturais da planta tinham a forma precisa para encaixar a mão. A extensão era perfeita. A borracha na ponta impedia que escorregasse. Firme, embora oco, o bastão podia ser soprado, como a concha do budismo tibetano que anuncia o Dharma, os ensinamentos.

Para percorrer a trilha e escalar a montanha, o bastão de caminhada é indispensável ao peregrino.

Não abrir mão de ajuda ainda é uma questão? Olha adiante. A montanha é íngreme. Há riscos de pedras soltas, o terreno é irregular.

Kumano é uma região no sul do Japão, na península de Kii, onde peregrinos do país e de vários lugares do mundo fazem a rota dos grandes santuários e templos. São caminhadas que se assemelham àquelas do Caminho de Santiago de Compostela, na Espanha. É o Kumano Kodo, o conjunto de trilhas nas montanhas. A palavra "Kodo" se refere a antigos caminhos e, segundo a tradição local, são usados há mais de mil anos.

No Kumano Kodo são cultuados juntos, lado a lado, as divindades budistas e os deuses do xintó. Quando o budismo chegou no Japão, vindo da Coreia, no século VI, encontrou o xintó, um conjunto de crenças e maneiras de viver na natureza.

O xintó não era organizado como uma religião – com um Fundador, uma escritura com preceitos e rituais. O xintó era um conjunto de comportamentos da população baseado na reverência à natureza.

Os rios, em especial as cachoeiras, as montanhas, as árvores milenares eram a "morada dos deuses" e locais de veneração segundo a tradição oral, e parcialmente descrita no Kojiki – o livro mais antigo do Japão, no qual a história mítica do país é contada. No xintó, todos os seres vivos – e aí incluídas as rochas, as montanhas, – possuem um espírito habitante.

Em Kumano – região cercada de montanhas, que circundam a península de Kii, – e cortada por pequenos córregos e o grande rio Kumano, está concentrado o maior número dos mais de 4 mil templos do Japão reverenciados pelo povo. Três conjuntos deles, denominados Kumano Kazan são, há décadas, patrimônio da Humanidade tombados pela UNESCO. Diz-se que aí se formou o espírito do país; aí se encontram as moradas dos seus deuses.

Um dos três conjuntos do Kumano Kazan é o santuário de Hanna no Iwaya, na cidade de Kumano, apontado como local onde está enterrada a Deusa Izanami. Ela se casou e com o deus Izanagi deu à luz o Japão. Morreu no parto, ao nascer o filho feito de fogo, que devorou em chamas. Essa é uma das versões sobre o mito sustentada pela visita de peregrinos ao local onde uma imensa rocha esconderia a entrada da caverna pela qual a deusa entrou no mundo dos mortos.

Parar para escutar o que parece inacreditável ainda é surpreendente e ensina. São variadas as formas de se olhar a gruta, a rocha, a árvore, a montanha. E cada atitude cria uma história e novas trilhas.

O Kumano Kodo é uma peregrinação por dentro das matas, nas montanhas, e por estradas beirando vilarejos onde ficam alguns pontos de recepção aos peregrinos. Há roteiros com percursos diversos que podem durar algumas horas, poucos dias ou várias semanas.

Percorrer nos confronta com momentos de dificuldades quando a trilha se estreita, fica mais íngreme, contorna um barranco. É preciso atenção, calma, determinação, disposição, confiança. E disposição para se alegrar e se surpreender com o canto dos pássaros, com o som das águas correndo no riacho, com a beleza da pedra vista de perto, com o som do vento empurrando as copas das árvores majestosas.

Acredita-se que na superação dos obstáculos surge a oportunidade para a autodescoberta e experiência espiritual. É possível ficar em contato consigo mesma observando como se caminha. As pequenas pausas, necessárias para recobrar o fôlego ou para apreciar a natureza são revigorantes.

Um dos trechos finais para a chegada a Nachi, a cachoeira próxima ao grande templo e ao santuário, tem uma estirada de cerca de dois quilômetros. Caminho certa de que se trata de uma preparação para o meu encontro com os deuses.

A trilha é magnífica. A maior parte dentro de uma floresta com árvores centenárias gigantescas, cujos topos parecem alcançar o céu. O percurso é marcado com pedras irregulares. Em algumas partes há uma escadaria; não há dúvida, é uma subida. Há trajetos tortuosos fazendo desvios de pequenos córregos, cujo som das águas batendo nas pedras dos seus leitos compõe uma sinfonia com o canto dos pássaros.

A uma ladeira, segue-se outra. A uma escadaria, tem outra depois. Chega-se a um platô. Respira-se fundo. O ar fresco traz o perfume de flores que brotam por todos os lados. É abril. Borboletas ensaiam suas danças também animadas com o sol de final da manhã.

Apesar da beleza, surge a tentação de desistir: a uma ladeira segue outra, não há um pequeno espaço para descanso. Os deuses testam a disposição do peregrino e se condoem. A insistência de Prometeu garantiu o fogo aos homens e venceu o castigo de Zeus.

O banco de madeira ao lado da touceira de bambu permite a pausa. Eu não recuso. Parada aí por alguns minutos, tento adivinhar o que vem adiante. Outra escada, e no topo, o tori – portão que indica a passagem de um mundo a outro. No caso, do profano ao sagrado. Depois do portão estão o santuário e o templo.

Na grande praça fica o santuário xintoísta de Nachi, o Kumano Nachi Taisha. Pintado de uma cor laranja vibrante, contrasta com a edificação do templo budista Seigantoji, da cor da madeira com que foi erigido e refeito depois de incêndios e enchentes.

Durante um longo período, o xintó e o budismo eram venerados como uma única religião. As pessoas não diferenciavam uma hierarquia nos rituais realizados como se fossem parte de um mesmo credo. Os cultos foram separados, por imposição legal, num édito do governo, no século XIX. Agora, uma pequena cerca separa os dois prédios, mas a romaria dos peregrinos presta homenagens a ambos.

Do lado da montanha onde estão o templo budista e o santuário xintoísta com vistas para a sagrada queda d'água de Nachi, está a colorida Pagoda – a construção adjacente ao templo, com espaço para meditação e contemplação, com aberturas para as oito direções.

A Pagoda de Nachi é um edifício com altura equivalente a um prédio de oito andares. A sua arquitetura remonta ao formato redondo das *stupas* – relicários nos quais, no início do budismo, se guardavam relíquias do Buda. É uma construção belíssima e se destaca, vista de longe das floretas que a cercam. Espalhadas pelo mundo, as *stupas* são os símbolos que levam as mensagens budistas.

O Fundador do Aikidô, Morihei Ueshiba, se inspirava nas montanhas de Kumano, nos templos e santuários, na natureza, morada dos deuses nas suas meditações e contemplações. Realizava aí, regularmente peregrinações e treinos. Sob as águas de Nachi, fazia o misogi – ritual de purificação próprio do xintó. Nessa tradição, lavar-se é uma prática de limpeza também do espírito. Nas matas de Shingu, de Katsuura, ele pesquisava a voz dos deuses no seu corpo e traduzia o que escutava numa linguagem de movimentos que chamou de Aikidô.

Hine-Sensei se alegra que tenhamos andado a trilha e experimentado a paisagem deslumbrante, o ar cheio de mantras dos locais sagrados e a bem-aventurança do retorno seguro. Nas pequenas descobertas das passadas havia um sentimento de gratidão e o desejo de compartilhar a luz, o burburinho das águas, a grandiosidade das árvores. E fazíamos isso, em silêncio, em trocas de olhares que confirmavam o fato de estarmos juntos.

A caminhada até o santuário e o templo não dá para ser feita de um fôlego só. São subidas vertiginosas, degraus imprevisíveis. Em tempos úmidos o caminho é perigoso, escorregadio. As pessoas andam aí com cautela e atenção. Um passo de cada vez. É preciso um bastão de caminhada.

• • •

2

O DO É O TREINO

Olho o escuro da noite. O termômetro marca quase 20 graus centígrados. A lua cheia espreita no céu. A silhueta das montanhas desaparece na escuridão. Nas ruas da cidade, ninguém.

Pouco mais de nove da noite.

Estou hospedada em um hostel para mochileiros. O quarto é desprovido de qualquer comodidade, mas grande o suficiente para três camas. A pandemia definiu que apenas um hóspede – que não seja casal – ocupe cada quarto. Os três estrados rentes ao chão, para receber os viajantes, continuam aí.

A cama onde durmo é um colchão colocado sobre suportes de plástico duro. O habitual são as pessoas dormirem em tatames. Para acomodar os ocidentais, adotam-se colchões. Em dois dos quartos do hostel há camas com estrados altos; nos outros dois, apenas o tatame.

Escolho ficar na cama ao lado da janela que tem uma varandinha para um estacionamento. Pertence ao supermercado Oguwa, o maior da cidade, onde faria minhas visitas quase diárias.

Mas ainda não sabia disso.

O acesso à varanda é por uma porta de vidro, de correr. Por ela avisto bem a minha frente uma das montanhas de Kumano. E a lua recortando a montanha.

Paro para olhar e tentar descobrir os dias à frente. Inútil ansiedade. Não tenho qualquer controle sobre o que poderá acontecer. Como vou me sair nos treinos? O que será que os outros alunos vão pensar a meu respeito? Como vão avaliar a minha prática? Mas tentar o vaticínio é inútil. Ele se insinua como vício no desejo de apreender o futuro. Olhar para o outro como medida distancia-nos de nós mesmos.

Devolvo a atenção para mim. O que encontro é um turbilhão. A minha confusão interna é provocada pelo cansaço, e pela incredulidade de estar numa história cujo roteiro está em aberto. É preciso remar, como o navegante das águas encapeladas pelo vento mitológico que protegeu o Japão da invasão de Kublai Khan. [11]

O mesmo remo que vai, volta, e o remador muda de direção o barco e o destino dos passageiros. Hei ho hei ho! O treino de Funa kogi undo e Torifume – remar, remar, trazer para dentro de si a energia do oceano e navegar... O movimento que abre os treinos de Aikidô e oferece a imagem de um navegante nas águas turvas de um infinito celeste.

O balanço invisível das ondas do mar ressoa em mim. Só pode ser cansaço! Vir de tão longe para escutar o oceano escondido no meu espírito e me surpreender com incontáveis possibilidades de navegar. É preciso silêncio e atenção para escutar o vento divino. E muita atenção para flutuar sobre as ondas.

• • •

Nakamura-Sensei dirige a aula.

11 Atribui-se ao "kamikaze" o vento divino, a destruição da frota mongol que levantou a água do oceano e destruiu os navios dos invasores que duas vezes tentaram dominar o Japão, no século XIII.

Ele era o secretário do Dojô e se tornou Dojô-cho, Sensei responsável pelo Funada Dojô um ano depois desse dia. Diariamente, faz a introdução ao treino, sob o olhar e orientação atenta de Anno-Sensei. Às 7h30, pontualmente, se despede, e vai para o trabalho. Retorna ao Funada 12 horas mais tarde para o treino de Togawa Sensei.

Os japoneses fazem longas jornadas de trabalho. A inclusão de uma prática marcial, porém, faz parte do cotidiano de grande parte deles, está imerso na cultura do país.

Shoichi, professora de kendo para crianças – a partir de 4 anos de idade! – e que treina Aikidô aos sábados no Funada, já me confidenciava: — Tenho que estar no trabalho às 7h da manhã de segunda à sexta e saio às 18h. Fica pouco tempo para as aulas que coincidem com os treinos de kendo, lamenta.

A realidade desse cotidiano define como são estabelecidos os horários de treinos no Funada Dojô: começam às 6 da manhã, com Suzuki-Sensei e ao final do dia das 19h30 às 21h. Nakamura-Sensei geralmente inicia as aulas da manhã e da noite.

As aulas de Anno-Sensei acontecem três vezes por semana – terças, quintas e sábados – das 7h às 8h30, mas muito frequente continua para além das 9h.

O treino acontece a partir da mesma rotina. Saudação ao kamidama – invocando proteção para o treino.

As reverências, parte da etiqueta dos Dojôs de Aikidô, simbolizam a gratidão –sentimento que deve estar presente durante toda a aula – e o respeito pelo mestre – o Fundador do Aikidô, Morihei Ueshiba.

O kami é o nosso aspecto mais elevado – não uma entidade única, mas o ser humano na sua dimensão maior, como parte da natureza. A palavra kami é formada por duas outras na língua japonesa: "ka" é fogo e "mi", água. Simbolicamente, são elas duas forças complementares e antagônicas na natureza; como Ying e Yang.

Togawa-Sensei, devoto do xintó explica: — Do lado esquerdo do corpo é ka, fogo, do lado direito é mi, água. O movimento no Aikidô vai da esquerda para direita e para baixo – *chi* – da terra, para *ten*, o céu. O kamidana é saudado com quatro palmas – céu, terra, fogo e água, as pessoas não estão apartadas da natureza – rios, matas, águas, montanhas, animais.

Os breves instantes das saudações têm o intuito de nos conectar com o ambiente, com os professores, colegas e com o propósito do treino. É atravessar o Tori – o portão que demarca, nas tradições do xintó, – a passagem entre os locais profanos e os sagrados. E aqui, o sagrado não é no sentido de religiosidade, mas sim no de valorização de algo precioso que é o ser humano como parte da natureza.

Uma vez dentro do espaço interno de treino, inicia-se a preparação do corpo.

Primeiro o alongamento e o aquecimento, a liberação das articulações – punhos, cabeça, ombros, joelhos, tornozelos, flexões laterais e kokyu (respiração). Inicia-se sempre em seiza – sentados nos tornozelos, ajoelhados, com movimentos de pescoço, levando a

Kanji nº 2: Budô (Arte Marcial) Divina.

(Deus é amor, amor é Deus, Aikidô está além de perder ou ganhar).

Caligrafia e significado cedidos por Anno-Sensei à autora, com tradução de Takashi O-ta.

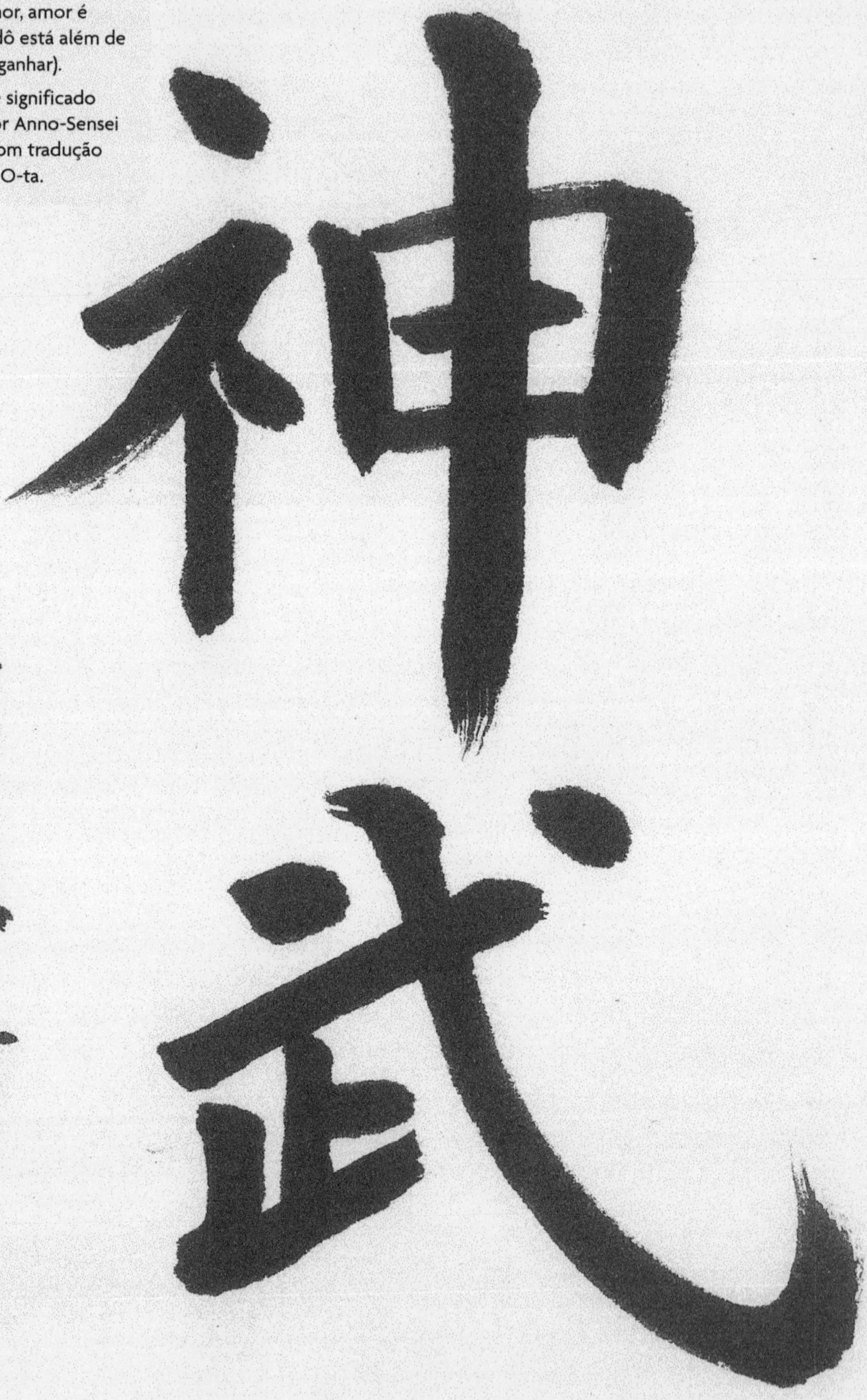

cabeça para todas as direções – lado, acima, abaixo, depois os ombros, para cima e para baixo; os braços apoiados nas coxas levando lateralmente o tronco, depois com os braços estendidos levar as mãos movimentando para a esquerda e para a direita o centro do corpo, pernas, pés, punhos. De pé, soltando os quadris, a cintura, com cuidado e gentileza. Os ganhos são obtidos pela persistência, um pouco de cada vez.

Esses minutos iniciais ajudam a aumentar a consciência sobre as condições do nosso corpo. Ele é o veículo da prática.

Em seguida, vamos nos familiarizando com as técnicas a partir das suas sementes, onde se originam. São os gestos básicos. Torifune (exercício de remo) – Hei o, hei ho – lado esquerdo, lado direito.

Ama no Torifune é o movimento do timoneiro no barco que navega pelo céu – como uma nave. Ama é divino, tori nesse contexto seria pássaro e fune, barco. Portanto, um Divino barco pássaro.

O hei-ho dos marujos são – He – água – i-ho fogo. Fogo e água se misturam, como o claro produz o escuro e esse se manifesta no claro. É preciso aprender a conduzir o barco nas ondas celestiais das duas energias – fogo e água. Hei ho! Hei ho! – o estado de atenção mantendo a mente em estado de elevação, movimentos coordenados com a respiração – He i – inspira, ho! Expira.

À navegação com os braços estendidos como se estivesse com o longo remo das antigas embarcações japonesas, levando o tronco para frente e trazendo de volta ao centro, é realizado o Ame Furutama – Ame significa divino, Furu – balançar, chacoalhar, e tama – parte interna, coração, espírito.

O Furutama é limpeza do espírito, um tipo de misogi – ou ritual de purificação, tradicional no xintó, realizado sob cachoeiras, ou em riachos. É a lavagem da alma, e faz parte do polimento interno de cada pessoa.

— No Furutama, fazemos a limpeza do nosso coração, explica Anno-Sensei.

E é esse coração limpo que vai se expressar no treino. A vibração obtida com o chacoalhar das mãos, a vibração da energia, também contribui para relaxar o corpo.

Para fazer o Furutama, junta-se as duas mãos como postas em oração na frente do corpo. Nessa posição, são levadas ao alto da cabeça e de volta ao centro do corpo mantendo-as aí, fechadas em concha – uma sobre a outra –, na altura próxima ao umbigo – no saika tanden ou hara – ponto de equilíbrio da gravidade do corpo – deixando que o vazio entre as palmas das mãos se encha da energia que flui do oceano interno, do ki – energia – criativa e criadora da vida.

Surge naturalmente uma vibração nas mãos, como se aquela energia reunida estivesse chacoalhando a parte interna do corpo e a mente. A sequência é feita três vezes e encerrada com as mãos juntas como se estivessem condensando toda a energia, recolocando-a de volta ao hara enquanto se emite um kiai – um grito comum a todas as artes marciais pelo qual se revela a força dessa energia.

A preparação para o keiko – ou treino – já ensina as condutas essenciais, também fora do tatame.

Até aqui, o que aprendemos foi a importância da preparação do corpo e o ajuste da mente. As articulações que precisam estar "engraxadas", os músculos e tendões alongados. A importância de visualização de uma imagem – o barco navegando em ondas de fogo e de água – para dar forma ao ato de remar, a atenção plena – a respiração sincronizada enquanto rema, atentos aos riscos.

Para atletas é bastante óbvia a necessidade de aquecimento, alongamento e relaxamento antes de qualquer prova ou competição. É essencial parar, respirar, aquietar-se dentro de si, antes de fazer o lançamento. Cantores e outros artistas também têm seus rituais de preparação antes da apresentação. A magia da materialização dos movimentos e apresentações depende do preparo do corpo e o alinhamento da mente, do espírito, das emoções.

Geralmente, o maior tempo despendido na preparação de uma fala é o ensaio mental ou escrito das palavras, a análise de cenários e a elaboração do discurso. O corpo, veículo da mensagem, nem sempre entra no cronograma.

O instrumento – nosso corpo – deve estar nas suas melhores condições para ser utilizado e o artista pronto. Não é possível esperar um grande concerto se o piano estiver desafinado e o artista desconectado.

A sintonia entre o corpo e a mente acontece pela respiração. É preciso usar um tempo para *Refocalizar* a mente: auto-observar-se, reconhecer as emoções, identificar os incômodos no próprio corpo e lidar com eles, sem se fixar neles, deixando que passem. Sem negação, com gentileza.

A água e o fogo que constituem o oceano pelo qual navega o barco divino do Torifune são um símbolo que ajuda a traduzir a necessidade e a capacidade de encontrar a serenidade e a estabilidade em condições adversas. A água baixa a temperatura interna das emoções, o fogo clareia a mente.

A respiração funciona como a água e como o fogo – é uma fonte preciosa para a obtenção da serenidade e do alinhamento necessário entre corpo, mente, espírito e abre os canais para o fluxo de energia, e favorece o relaxamento.

A rotina diária, de dez, quinze minutos pela manhã e à noite para a auto-observação silenciosa, olhando para dentro de si, sem julgamentos – cobranças, recriminações ou criando obrigações – vai, aos poucos, ensinando o corpo a relaxar, a mente a acalmar e a clarear. Que não se tenha a expectativa de milagres e transformações súbitas. Aos poucos, lentamente, a tranquilidade vai se instalando, vão surgindo novas percepções e problemas antigos e com soluções complicadas vão se resolvendo.

É o começo do treino.

• • •

São os nevoeiros de mistérios que toco levemente, e que poderão permanecer impenetráveis, por várias vidas, sem resposta. Pode ser o sono. – Hei ho! hei ho! O barco singra as procelas do mar infinito no oceano de sabedoria dos deuses. Hei ho! O barqueiro marca o ritmo e flutua nas ondas. Eu mergulho no sono.

• • •

— Primeiro, você começa com o corpo, e, com o tempo, com a prática, vai polindo a si e incorporando outras dimensões ao movimento.

Anno-Sensei explica a ordem do aprendizado que vai do concreto para o abstrato.

A compreensão de um conceito é mais fácil quando ele é mostrado por meio de analogias e de exemplos. As crianças entendem imediatamente quando se juntam duas maçãs mais duas maçãs para reconhecer que dois mais dois são quatro.

— Alcançar e absorver o que aprendemos do ponto de vista lógico, pela razão, é mais simples e mais fácil do que colocar dentro do corpo. Às vezes é preciso muito tempo também para entender o significado de um movimento...

Anno-Sensei se lembra como era difícil para ele compreender, aos vinte e poucos anos de idade, o que dizia Morihei Ueshiba. Porém, aos poucos e com a convivência foi absorvendo o que o Fundador queria. E ri.

— Agora, depois de 65 anos de prática estou começando a entender o que é o Aikidô!

A expectativa e a ambição de aprender de um salto e de entender completamente e praticar com a habilidade de um mestre é irrealista.

— Se a gente fica olhando muito para cima perde a base.

Mas, não se deve buscar um modelo? Um professor?

— Claro, mas deve observar o que faz sentido para você. Criar à sua maneira de fazer e que vai na direção do que você busca. Não se importe se as pessoas dizem que você está errada, que enlouqueceu! Siga o que está de acordo com o que você sente e não para agradar alguém.

A necessidade de seremos sempre reconhecidos – e é importante sim o acolhimento e o reconhecimento – mas não é o objetivo. Pode ser estímulo que distrai, afasta do que é autêntico em nós.

Quando crianças, o afeto e o apoio dos pais são essenciais para um crescimento emocionalmente estável, autoestima saudável e segurança pessoal. A invalidação produz sentimentos de inferioridade, de insuficiência e mais tarde, mesmo obtendo sucesso profissional, por exemplo, vem a Síndrome do Impostor – como se as conquistas fossem fraudes, uma "mentira", e o aplauso, imerecido.

O modelo externo, o guia, professor, funcionam como auxílio nas investigações de cada pessoa.

— O'Sensei teve ajuda de Takeda Sensei, do Daito-ryo, de Onisaburo Deguchi do Oomoto. Sem eles não teria chegado ao Aikidô. Porém, quando ele encontrou o seu próprio caminho, seguiu ouvindo a sua própria voz.

A capacidade individual de desenvolvimento precisa da cooperação de outras pessoas, reconhece Anno-Sensei.

— Escutar, escutar, e depois abandonar...

As técnicas, qualquer técnica, são apenas o começo no amadurecimento de um aprendizado. Funciona como quando vamos aprender a dirigir ou andar de bicicleta. Há uma série de pontos de atenção, de sequência do que deve e do que não deve ser feito. Depois de dominar cada um desses pontos nós nos esquecemos que existem. Isso não quer dizer que não estejam sendo respeitados, mas na verdade estamos além deles.

Imagine dizer para um piloto de Fórmula 1 qual a regra a seguir para fazer a passagem de uma marcha, obedecendo o painel de velocidade. O que deve ser feito depende do quanto o piloto "sente o motor", "sente o carro", "sente a pista". Essa conexão com o veículo, com o ambiente, e atenção às suas sensações fazem com que perceba o momento correto – o único – e oportuno para a manobra.

Cada kata – golpe – executado considera quem é a pessoa que está recebendo – tamanho, idade, nível de preparo, ou seja, quais são as suas condições para responder à técnica. Usar sempre a mesma regra desmoraliza a regra; não funciona.

A didática deve respeitar o nível de conhecimento de cada pessoa, seu foco, disponibilidade e características individuais de corpo e de mente. Porém, não é possível a disseminação ampla de um saber a partir da singularidade do indivíduo.

O fundamento do Aikidô pode ser apresentado em três palavras: Masakatsu Agatsu Katsuhayabi[12] vitória sobre si, agindo na velocidade de um raio, com verdade, perfeição e beleza. Essas palavras são a síntese dos ensinamentos. O significado delas na perspectiva da arte só podem ser verdadeiramente compreendidas pela experiência, não por explicações intelectuais. A Verdade está além da análise, a Perfeição é a Unidade e a beleza é a alegria de se reconhecer como parte do Todo.

Como o piloto do carro, o Aikidôísta "sente" e reconhece suas sensações, a outra pessoa, o ambiente e age junto com o acontecimento, na velocidade do raio.

Embora sejamos iguais – seres humanos – somos diferentes – indivíduos. A nossa capacidade e habilidade em estarmos juntos é uma caminhada sem fim.

Há várias maneiras de praticar, como há muitas formas de ensinar a tabuada.

Quem está no tatame compartilhando o treino poderá apreciar mais e desenvolver, mais naturalmente o seu potencial se tiver afinidade de visão com quem pratica. E isso

12 Palavras utilizadas pelos mestres nos treinamentos. Carta de Anno-Sensei in: CURADO, Olga. **Uma Jornada Mágica.** São Paulo: e-galáxia, 2019.

é muito simples de se justificar: aprendemos melhor quando estamos bem! Quando estamos relaxados, contentes. A tensão e o desconforto bloqueiam, ou pelo menos dificultam o aprendizado.

O treino do estudante não é diferente do treino de quem ensina. Nos dois casos há um aprendizado se as pessoas se auto-observam.

Sentado, usando um dogui seguro por uma linha de lã preta no lugar da faixa branca que normalmente usa, Anno-Sensei continua dando instruções.

Anno-Sensei me chama. Pega a minha mão e mostra como devo segurar a colega. Simula o ataque e vai pacientemente me desenhando o kata. Faz isso meia dúzia de vezes. Eu estou apavorada e perdida. A presença tão próxima do mestre é atordoante.

O *script* da incapacidade, da insuficiência que está impressa em mim, tantas vezes criticada, aflora. Substituo a vontade de fazer o kata pela necessidade de aprovação, e aí travo. Por uma fração de segundos estou diante do que seria algo impensável – ter diante de mim o professor, aluno direto do Fundador da arte, totalmente disponível e disposto a me ensinar! Fico presa nesse sentimento de não merecimento.

Mas Sensei continua insistindo, sem perder a calma. Vai buscando novas maneiras de se fazer entender.

O movimento é simples, mas tenho dificuldade. Linda então se aproxima e Anno-Sensei pede a ela que pratique comigo.

Ficamos aí uns bons minutos fazendo o kata até que ele fica satisfeito e acena com um sorriso. Finalmente, eu parecia ter compreendido o que era para ser feito.

Aquele homem gentil, pequenino de 93 anos, paciente, reconhecendo a minha dificuldade em compreender a técnica, age com cuidado e gratidão por eu estar tentando acertar.

— Você veio de tão longe! Já mostra o seu coração – me diria outras vezes...

A energia que brota em mim sendo ajudada e respeitada na minha ignorância supera as más lembranças e aumenta a minha confiança. Logo, consigo realizar o que Sensei pede, e escuto – so so so – isso, isso! Ele comemora meus acertos!

Acolhimento é uma necessidade humana.

• • •

Era pouco depois das seis e meia da manhã. Uma terça-feira de tempo chuvoso. Andei cerca de 40 minutos do hostel até o Dojô. Terça-feira, dia em que há aula desde às 6h, mas a porta estava fechada. Ninguém. Suzuki-Sensei não estava como de costume.

Peguei a chave para abrir o cadeado da porta. Anno-Sensei me havia mostrado onde fica guardada. Corri as duas portas – a externa, de madeira e a interna, de tela – e entrei. Eu me sentia à vontade, em casa.

Nakamura-Sensei chegou dez minutos mais tarde. Estava me arrumando para a aula e escutei o barulho das janelas sendo abertas. Antes que estivesse pronta, um ruído de carro muito próximo: Anno-Sensei.

Já vestida voltei para o tatame. Nakamura-Sensei estava lá. Anno-Sensei entrou e se sentou na cadeira habitual.

Experimento um sentimento ambíguo.

Anno-Sensei foi ao Dojô para me ensinar. Não havia nenhum outro aluno ou aluna. Todos os visitantes haviam partido, os japoneses, alunos regulares, treinavam apenas aos sábados.

Nakamura-Sensei faz o aquecimento e o exercício inicial, sairia às 7h30. Eram 6h50. Começou o treino. Eu pensava em como seria bom se chegasse mais alguém para dividir comigo a atenção de Anno-Sensei. Tê-lo como um instrutor particular provocava em mim grande agitação emocional.

Quantas pessoas mais avançadas na arte não dariam tudo para merecer a atenção exclusiva do mestre? Na minha cabeça passava pelo menos uma dúzia de nomes. Colegas de prática com desenvoltura, não necessariamente mais experientes, se sentiriam perfeitamente à vontade para se exibirem diante do Sensei e para receber ensinamentos privados.

Não eu. Embora com graduação considerada alta – tinha o 4 DAN e o título de Shidoin – instrutora – tinha muito presentes as críticas negativas frequentes que recebia quando treinava.

Iniciei meus treinos de Aikidô aos 48 anos de idade. Curiosamente, quando isso aconteceu, eu não avaliei qualquer limitação que a minha idade poderia representar. Também não me comparei aos jovens com quem treinava como se a arte lhes fosse mais adequada. Não pensava a respeito disso. Porém, as minhas limitações e falta de habilidades eram óbvias. Para todas as pessoas, mas não para mim.

Esforçava-me em aprender os katas, e isso me exigia mais dedicação, o que só depois fui atinar, do que era preciso para o aprendizado da maioria das pessoas. Estava movida pela alegria da prática e não percebia a necessidade de grande esforço me desestimulando. Mas os olhares e meio sorrisos me deixavam confusa sem tirar o entusiasmo com que me dedicava, porque era uma delícia!

Treinava quase diariamente. Tinha grande prazer em praticar e isso bastava.

Foi apenas quando avancei como aluna que percebi com mais clareza como era julgada. Havia uma certa ironia quando eu me confundia com mãos e pés indo em direções equivocadas, uma certa condescendência – que aliás chateia mais que uma crítica direta.

O Aikidô para mim não era um concurso. Podia ter essa crença, porém as coisas não acontecem assim na vida, nem no tatame. Quando "Fulano é maravilhoso!" alguém não é. A comparação vem pelo elogio que exclui. E daí surge a necessidade de querer provar algo, o que interfere na naturalidade com que se treina.

Os julgamentos – o poder do valor dado pelo outro – que criam hierarquias também limitam a autenticidade, já que a pessoa vai se sentido impulsionada a seguir uma determina forma de ser e de agir. O pânico de falar em público, por exemplo, decorre dessa expectativa de uma boa avaliação.

Quando a autenticidade é trocada pelo desejo de ser aceito, o que fazemos se torna cansativo e pesado. Muitas vezes abandonamos projetos porque parecem não fazer sentido para outras pessoas. No jargão corporativo é o "feedback", a avaliação dos desempenhos de cada colaborador diante de metas e nas relações com colegas e superiores, e subordinados.

O que o outro vê também está condicionado pelas experiências e referências que aprende ao longo da vida. A pessoa nem sempre consegue ter disposição para olhar com generosidade aquela que muitas vezes a desafia ou se comporta fora dos parâmetros pré-definidos, mas tem uma personalidade "fora da caixa".

A indústria da opinião produz especialistas em tudo e em cada particularidade das nossas vidas. Tenho visto executivas e executivos se sentirem reféns de tantas avaliações cujos ajustes apontados nem sempre correspondem à necessidade ou a natureza das pessoas analisadas.

Há regras e etiquetas para o bom convívio social. Há maneiras de expressar que facilitam a compreensão das mensagens. Técnicas no tatame e fora dele podem se tornar o objetivo da aprendizagem e criam robôs muito bem planejados. Porque o algoritmo utilizado, em muitos casos, é denominado "cultura organizacional" e quer evitar rupturas possíveis por individualidades.

É extenuante tentar agradar o tempo todo. Mas líderes acabam confundindo relacionar-se com autenticidade e naturalidade com a necessidade de ser uma persona "motivacional" que "se comunica com assertividade e empatia".

A tentativa da obtenção da fórmula mágica desconhece a individualidade que permite a todos e a cada pessoa ser reconhecida na sua própria natureza, a qual, é preciso confiar, é agregadora, pacífica e cooperativa. Desde que não se sinta aterrorizada e ansiosa pela expectativa dos outros! No modelo relacional punitivista, isso será muito difícil, e em especial quando ele é um gatilho para uma biografia em que a repressão familiar e as críticas negativas fazem parte da "educação" das crianças e dos adolescentes.

A repetição e mantras organizacionais, familiares, sociais de rótulos que identificam pessoas e delimitam quem são, porque assim são percebidas, vai estrangulando as habilidades relacionais.

Se eu disser a alguém que ela não é uma pessoa, mas uma xícara, por exemplo, no mínimo vai pensar que estou delirando. Porque não faz sentido. Mas não é difícil acreditar quando nos dizem que somos insuficientes. Acreditamos. E pode virar uma autorreferência ao incorporarmos a classificação.

Além de insegura em relação às minhas habilidades como artista marcial, também sentia o peso de transmitir diante de Anno-Sensei uma imagem ruim de antigos professores meus, que assim seriam vistos por conta do meu pobre desempenho.

O reforço das citações de nossos "pontos de desenvolvimento" leva à criação de uma autoimagem que enfraquece nossos "pontos fortes". Vencer a barreira da insegurança – do medo – só é possível por um outro treino: do nosso próprio olhar sobre nós mesmos.

Muitas vezes é mais fácil a gente se esconder. Um presidente de empresa multinacional que eu conheci não circulava pela empresa porque, me dizia, "sentia que poderia intimidar ou atrapalhar as pessoas que estavam trabalhando". Na realidade, ele se sentia inseguro em se expor e eventualmente ser abordado para responder perguntas embaraçosas.

As antessalas, as salas com longas mesas de reunião, as secretárias, assistentes, sub assistentes, as agendas com vários andares de compromissos podem estar criando barreiras para contatos espontâneos com os quais vamos nos desacostumando, os contatos no mundo real podem ser assustadores se estamos condicionados a definir regras para conviver com o que é "aceitável".

Saber o que vai acontecer – dentro de um roteiro decorado – sugere menos erros e riscos de fracasso. Com grande frequência o novo pode ser surpreendentemente bom, uma abordagem potencialmente negativa pode trazer boas surpresas. Mas para isso é preciso parar e escutar.

Anno-Sensei se arrumava para dar aula. Vestia, ali mesmo no tatame o dogui – quimono branco – e colocava a sua faixa branca, de principiante. Mantinha rotina de fazer os exercícios de alongamento e de aquecimento antes de qualquer treino. Deitado no tatame, seguia a sequência dos exercícios durante cerca de 15 minutos.

Rezei mentalmente para que Ueno-San aparecesse naquela manhã em que estava apenas eu no Dojô. Era uma presença frequente naqueles dias, assistindo também os visitantes estrangeiros na tradução para o inglês das orientações de Anno-Sensei.

Ele se comportava um pouco diferente da maioria dos alunos japoneses que normalmente não fazem perguntas ao professor. Trazia dúvidas e recebida orientações de Anno-Sensei. Eu estaria aí como uke – colega de aula –, tendo a oportunidade de treinar com um faixa preta experiente, recebendo e realizando golpes, mas escorada na presença dele; na invisibilidade à qual estava mais acostumada.

Ueno-San não veio.

Nakamura-Sensei se despede. Agora éramos apenas Anno-Sensei e eu no Dojô. Queria fugir. Eu me sentia invadida por uma sensação de não merecimento. O presente era grande demais. Aquele homem de 92 anos, 8 Dan, aluno direto do Fundador do Aikidô me dando uma aula particular.

Anno-Sensei se ajeita. Na beira do tatame tinha terminado os exercícios de alongamento. Obedecia a lista completa de contrações e extensões, torções, cabeça, punhos, joelhos, pés...

Sorri para mim e aponta para o jô – bastão de madeira. Marca no tatame onde eu devo ficar, cada pé de um lado da linha onde quatro tatames se juntam. Pede que faça kamae – a posição de guarda, ou de atenção, com o jô.

E se aproxima de mim e me corrige. Pega na minha mão, mostra a altura para segurar o bastão, aponta onde deveriam ficar os pés e começa a sequência – *one, two, three, four* – num tom de voz amável tentando se fazer compreender em inglês – benevolente com o meu japonês (absolutamente nulo).

Acompanho – pelo menos tento acompanhar – Anno-Sensei. As minhas dificuldades aparecem ainda mais. Sou duas pessoas – aquela que está no tatame e a outra distante, num tempo em que o olhar julgador sobre mim era implacável. Travo. Anno-Sensei já vira isso. Não se importa e continua – novamente: kamae, *one, two, three... four*

O meu chororô interno, pretexto para não ficar presente e aproveitar o momento mágico, é a grande barreira ao aprendizado. Se antes, numa aula, Anno-Sensei já houvera testado a própria paciência e de Linda Holiday comigo para que eu fizesse um simples giro, agora é que ele não iria desistir.

A automação quase compulsiva de um comportamento que resulta no bloqueio a receber, terá raízes profundas na psiquê, em situações vividas com dor, e desprezadas.

A repetição exaustiva dos movimentos rompe, aos poucos, a tensão provocada pelo medo de não agradar, pelo pânico de errar, pela certeza do fracasso e do abandono.

Durante uma hora estivemos aí fazendo os movimentos básicos do jo – sendo amavelmente corrigida, atentamente observada e generosamente acolhida.

Treinávamos juntos e eu pedia de vez em quando que Anno-Sensei se sentasse. Ele concordava, apontava para o quadril, onde doía. Sentado continuava marcando a minha prática: kamae, *one, two, three, four*. Errei de novo! Ele ri. Outra vez...

Anno-Sensei vai até o quadro de presença, localiza o meu nome e estampa com um carimbo, uma a uma, as aulas que fiz. Ele está contente. Procura no calendário quando comecei e vai marcando – Ni ni Sensei, esse dia não! Ele marca o domingo, percebe o erro, ri, dá um de ombros e deixa lá. Afinal, estava carimbado mesmo.

Os pequenos gestos que transmitem afeto e confiança são essenciais para que nos sintamos bem-vindos, em especial por parte de quem admiramos, ou de quem dependemos ou até de quem tememos. A persistência desses sinais é uma poderosa britadeira para triturar nossa baixa estima.

Eu estava aí para aprender e me desenvolver no Aikidô. Recebia o treinamento em uma outra dimensão dessa arte.

Naquela hora seguinte aprendia mais do que com as técnicas de Aikidô. Anno-Sensei, com dificuldade em se locomover, me mostrava pacientemente detalhes de movimentos de corpo.

Começou como uma tortura para mim, que estava recebendo a dedicação total do mestre.

A disponibilidade generosa do professor se confronta com a minha perplexidade pelo privilégio de ser ensinada por ele com tanto carinho e entusiasmo. É necessário romper a trava.

A promoção, o reconhecimento, o aplauso, as boas-vindas quando esbarram no sentimento de insuficiência, que se baseia na expectativa de realização de ideais impossíveis – numa noção infantil de perfeição, é um bloqueio que apenas o verdadeiro acolhimento por nós mesmos pode superar.

As palavras gentis de autoaceitação se beneficiam da presença de alguém que nos apoia, mas na ausência dessa pessoa, podemos nós mesmos ser delicados com a nossa história e nossos medos. As palavras e os movimentos necessários poderão aparecer em diversos momentos.

3

DIFERENTE É IGUAL

Sensei Juerg Steiner, da Suíça, 7 Dan, aluno de Anno-Sensei, lidera o treino. Anno-Sensei chegou ao Dojô dirigindo a sua pequena caminhonete branca ISUZU, pouco antes das 7h30.

Estávamos no tatame desde às 7h. Sentado numa cadeira, ele observa o treino com curiosidade.

O pequeno grupo formado por duas alunas de Juerg Sensei – Ana e Carolini, por um aluno da Sensei Linda Holiday, aluna e amiga de Anno-Sensei há 50 anos, Juliano, brasileiro que treina em Santa Cruz da Califórnia com ela, Jeff e Shawn também dos Estados Unidos, e Inge, da Holanda.

Um sentimento de reverência toma conta do Dojô. Todos concentrados. É como se estivéssemos realizando um ritual em um templo. A grande fotografia do Fundador do Aikidô, Morihei Ueshiba Sensei, nos observa. Entrando pelas janelas abertas o dia claro e fresco inunda o treino.

Já experimentou a santidade calma de um local que não seja uma igreja?

O Dojô, no local do treino, é um espaço coberto com 50 tatames. Do tipo olímpico, verde, com laterais de arremate vermelho.

O fundo da sala é um tablado elevado, cerca de meio metro acima do piso onde fica o tatame, com cerca de 2 metros de cumprimento. O piso e as paredes são de madeira. Aí fica um santuário também de madeira – o kamidama – com um espelho símbolo do xintó, lembrando que cada pessoa deve olhar para si mesma.

Há uma outra foto grande e colorida do Fundador do Aikidô, à esquerda de quem entra, do tamanho de um pôster, que impressiona pela vivacidade em sua expressão. Na parede, pendurada no lado direito da parede do fundo da sala, um retrato de Hickitsushi Sensei, professor de Anno-Sensei.

O espaço entre os dois ambientes – do tatame e do kamidama – é marcado por uma viga de teto onde está pendurado, no centro, uma grande fotografia em preto e branco de Ueshiba Sensei.

A casa do Dojô é feita de madeira, no estilo das antigas construções japonesas. O espaço principal é o local dos treinos, o tatame que inclui o kamidama. Ao lado do tatame, por uma porta lateral entra-se numa sala – cozinha – onde se faz o chá, lava-se a louça, bebe-se água. Além de servir como cozinha, é onde são guardadas as cadeiras usadas em dias de reuniões e festas, mesas, utensílios de todo tipo e seis tatames onde os homens vestem seus dogui (quimonos) expostos aos olhares de quem passa.

Tradicionalmente, nos Dojôs, os homens se vestiam no tatame de treino e não havia vestiário para mulheres.

A dois passos da entrada da cozinha, um pequeno cubículo, aberto, com cerca de 1,5 metro quadrado – é onde as mulheres se vestem. Há um pequeno suporte para alguns cabides, mas a regra é dobrar as roupas e colocá-las em uma cesta de plástico, a exemplo daquelas utilizadas em lavanderia.

O espaço é passagem para o banheiro. As pessoas cruzam por ali quando as Aikidôístas se preparam. A conversa entre uma e outra é em voz baixa. Apenas o essencial, perguntando como a pessoa está – e tudo com muita mesura, sinais de satisfação com meios sorrisos e muitas vezes Arigatou Gozaimashita – muito obrigada! Uma palavra, aliás, que faz parte do vocabulário automático, pela repetição frequente de todas as pessoas que praticam Aikidô – e que, como eu, nada sabem do idioma.

Por pelo menos 50 anos, Anno-Sensei treinou e ensinou no Kumano Juku Dojô, fundado por seu professor Hickitsushi Sensei, a quem substituiu após a sua morte em fevereiro de 2004, até 2015. Simultaneamente às atividades no Kumano Juku Dojô, Anno-Sensei tinha o

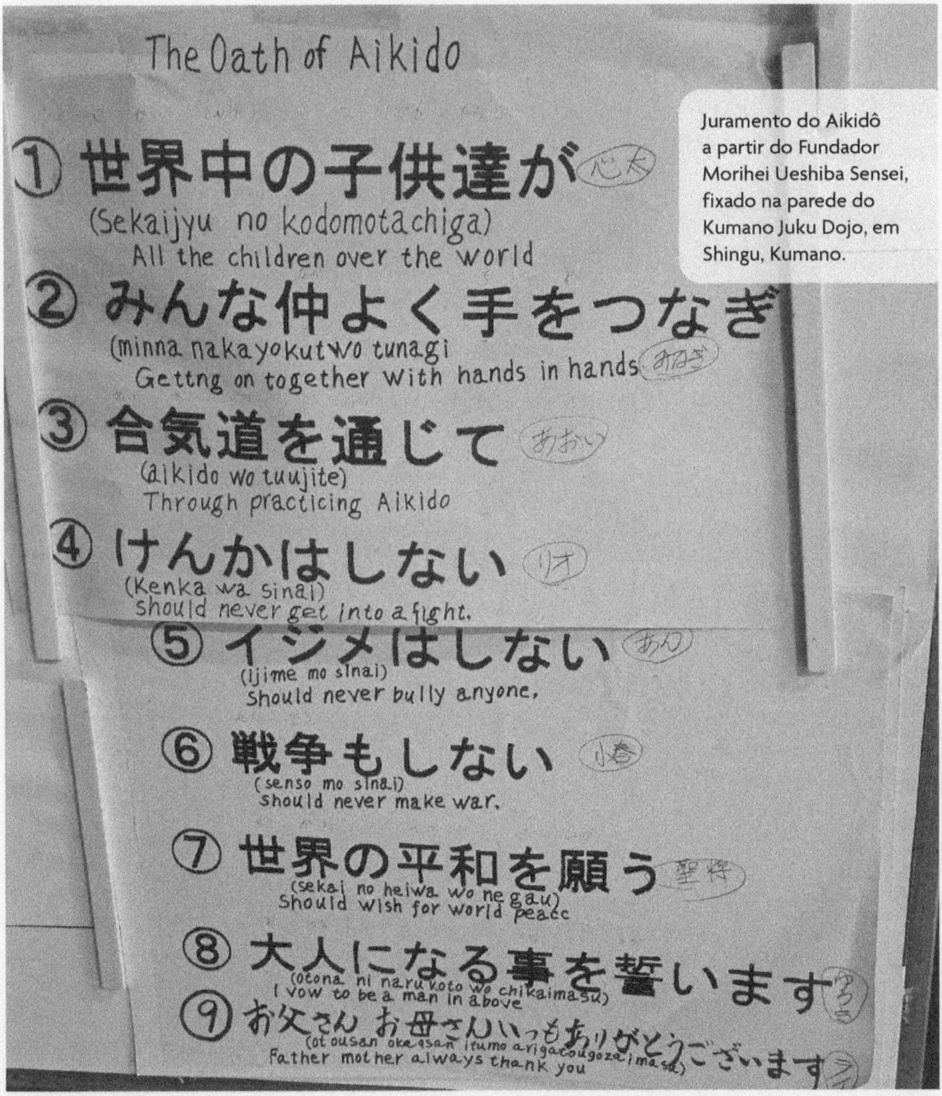

Juramento do Aikidô a partir do Fundador Morihei Ueshiba Sensei, fixado na parede do Kumano Juku Dojo, em Shingu, Kumano.

seu próprio Dojô em Kumano City onde, segundo disse, "colocou todas as suas economias e a sua vida". O espaço está entregue a praticantes e de vez em quando ele vai lá ensinar.

O Funada Dojô foi aberto em 2016.

A comunidade de Funada, povoado da municipalidade de Mie, construiu o Dojô. O terreno foi doado por uma proprietária local. Era o novo endereço para que os alunos e alunas de Anno-Sensei treinassem. Depois que ele deixou o Kumano Juku Dojô, não havia mais espaço suficiente para dar aulas. Kumano City, onde mantinha o antigo Dojô, é distante de Shingu e o local muito pequeno.

Professores e praticantes de várias partes do mundo vinham a Shingu para aprender com Anno-Sensei e era preciso um Dojô. Aos 85 anos de idade estava pleno para continuar ensinando. Funada Dojô foi a solução. Ao longo do ano, e mais especialmente na primavera e no outono, chegam visitantes atrás dos ensinamentos gentis do professor.

A temperatura está agradável. É abril, as cerejeiras já floriram, e agora as outras flores desabrocham. As janelas do Dojô estão abertas.

À direita de quem entra, elas se abrem para as montanhas e para as pequenas casas do outro lado da rua. Uma avenida com duas pistas e tráfego intenso no horário. Caminhões transportam toras de madeira usadas na construção das casas. As florestas plantadas no entorno da cidade fornecem a matéria-prima.

Do lado esquerdo da entrada da casa do Dojô está a montanha. Ela abafa o ruído externo quando somos todos convidados a praticar o silêncio.

O ritual para se chegar a um Dojô no Japão e ser aceito(a) para o treino exige o cumprimento de muitas etiquetas, sendo a primeira delas que a pessoa venha apresentada por um ou uma Sensei (professor ou professora) conhecido do Dojô que se deseja visitar. O Dojô é sempre coordenado por um dirigente (Dojô Chô), que autoriza ou não o acesso a visitantes.

A minha madrinha para chegar aí foi a Linda Holiday Sensei, aluna de Anno-Sensei e sua amiga de uma vida inteira. A liberação da minha presença foi simples:

— Venha, me disse ela por e-mail. – Sensei recebe quem tem bom coração!

Ela não me conhecia, mas acreditou na sinceridade do meu desejo, naquele pedido feito às carreiras, pressionada por uma urgência inexplicável, na mensagem de e-mail na hora de embarcar para o Japão com destino a Tóquio. A minha mensagem foi lida com generosidade e as portas foram abertas.

(Você já sentiu que em algumas situações está protegida ou está segura sem qualquer razão aparente?)

Ter as portas do Dojô abertas para mim por uma presunção de que eu teria um bom coração, que segundo Anno-Sensei é honestidade, a sinceridade com que se pratica, foi um presente.

Nos tempos de Ueshiba Sensei, a entrada de um aluno novo – as mulheres eram grandes exceções – dependia de carta de apresentação de pelo menos três pessoas.

Kanji nº 3: Amor

Caligrafia e significado cedidos por Anno-Sensei à autora, com tradução de Takashi O-ta.

Não eram aceitos praticantes menores de 25 anos. Mas a pressão das famílias para que os meninos pudessem treinar foi afrouxando essa exigência, que beneficiou, inclusive, Hine--Sensei, e se baseava no entendimento segundo o qual ter habilidades mortais envolveria discernimento e muita maturidade. E um bom coração – acrescentaria Anno-Sensei, que foi aceito como aluno aos 24 anos numa exceção que premiaria a sua perseverança em insistir com a autorização para treinar.

O costume antigo no Japão feudal e em tempos modernos até o século XX era que os treinos aconteciam nos locais onde as pessoas não pudessem ser vistas. As janelas deveriam ficar fechadas. Apenas o grupo poderia conhecer as técnicas. As relações entre professor e aluno eram cerimoniosas.

— O'Sensei era muito estrito na etiqueta. Tratava as pessoas com gentileza, mas exigia o cumprimento de todos os rituais, conta Hine-Sensei.

As reverências, a postura, o silêncio, pontualidade, varrer o tatame, levantar-se e sair apenas quando autorizado pelo professor, fazem parte do treino. Não se compreende alguém passar na frente do outro sem pedir licença, fazer um exercício com o colega e não agradecer. São regras que fazem parte da convivência, cujo espaço e o tempo de cada uma precisa sempre ser considerado. E isso acontece sem preleções, é simplesmente absorvido na observação direta da forma de se comportar nesses locais.

O espírito de gratidão, manifesto nas reverências, é um dos traços mais visíveis da etiqueta japonesa. Oneigai Shimazu! pontua todas as frases, cada fala no Japão. Gratidão! Gratidão! No Dojô, o respeito e a reverência ao Sensei são indiscutíveis, menos pelo temor, mais pela admiração e reverência aos ensinamentos.

É frequente escutar dos pais que os filhos treinarão uma arte marcial para que desenvolvam respeito, disciplina e concentração. Não é essa a preocupação de Anno-Sensei quando nos ensina. O que fica evidente a cada dia é a importância de se reconhecer na outra pessoa, no estranho, no conhecido, alguém igual a nós mesmos.

Uma receita de tratamento que parte do ideário de grandes tradições religiosas, muito simples de ser repetida, mas um desafio para ser realizada.

— Não é fácil manter um espírito de gratidão quando se é atacado, concorda Anno-Sensei.

A obediência aos ritos – a etiqueta – ajuda na construção da ética das relações, o que parece importar mais; não causar dano, cooperar para a promoção da felicidade, alimentar a paz. Mesmo quando se é atacado – sim, mesmo assim. Esse é também o treino.

O entendimento sobre aquele que ataca, fustiga e dificulta ser um portador de ensinamentos permite que nos confrontemos com a dificuldade sem nos colocar no lugar de vítima. O ataque é uma oportunidade para identificar habilidades, fazer as escolhas e no uso das técnicas manter o compromisso de não piorar a situação, de não causar dano. Não é fácil, mas adversidades são mestres. É essencial para manter a autonomia, a autoconfiança e por que não, a alegria!

Mas mestres também são fontes de acolhimento e generosidade. E daí surgem aprendizados que nos preparam para lidar com aquelas outras circunstâncias. Lições aparecem nas atitudes de quem pratica e ensina.

Ficar na presença de alguém que está despojado de sentimentos egoístas e sinceramente aberto e curioso a nosso respeito é revigorante. A energia que flui daí é como simples expressão do acolhimento, fortalece quem somos e muitas vezes revelam uma força desconhecida.

Quando cheguei a Shingu e encontrei Anno-Sensei pela primeira vez, entendi o que Linda Holiday dizia sobre ser bem-vinda em algum lugar.

— Ele é uma pessoa de pessoas, gosta de estar cercado e conversar e saber o que cada uma pensa e quer, diz Linda Holiday.

Motomichi Anno-Sensei ouve perguntas, e faz perguntas. E escuta respostas. O que queremos com a prática?

— No treino é possível também enxergar como a pessoa se molda e vai polindo o próprio espírito. E ele fala então das próprias dificuldades e equívocos com autocompaixão, porque afinal de contas teria aprendido um jeito de ficar melhor na sua prática.

Anno-Sensei transpira modéstia, simplicidade e grande afeto pelas pessoas. Mas eu só confirmaria isso depois.

Já se sentiu em casa num lugar estranho? Isso acontece.

• • •

Já havia aprendido que o kanji – ideograma do idioma japonês para a palavra atenção – representa um barco que flutua sobre as ondas do mar. Agora eu consigo enxergar de onde vem a imagem que define a atenção: acomodar-se à vontade dos ventos sagrados – o kamikaze – e graciosamente equilibrar-se, sem rendição, ao desenrolar das águas.

Ama Torifume – ei ho ei ho ei ho – é o chamado dos alunos e alunas no tatame convocando a energia poderosa e protetora para o centro do próprio corpo. Uma etapa que precede o Ame Furutama, quando se faz a purificação interna, jogando para o centro do corpo uma lufada de energia captada pela respiração.

Penso sobre a rotina dos exercícios preparatórios e a respeito às técnicas. Sinto ainda a anestesia natural de quem está acordando numa realidade que pode ser apenas vagamente imaginada. As sensações e emoções são confusas. A pretensão de saber tudo é outro vício da mente racional que corre em busca de explicações para todos os acontecimentos. Não há brechas para o mistério quando o cérebro entra no comando.

Agora parece haver alguma calma. Não. Apenas uma trégua. Respiro profundamente tentando jogar para a sola dos pés o ar que entra pelos pulmões e desliza por dentro da minha corrente sanguínea, pela coluna, coxas e pernas até me enraizar. É um recurso para encontrar a estabilidade e o relaxamento para a apreciação do que me cerca e me é oferecido.

As conversas e treinos com Anno-Sensei, as aulas com Nakamura-Sensei, Hine-Sensei, Suzuki Sensei, com os alunos graduados e com os principiantes, as peregrinações em Nachi, em Hongu, as travessias da ponte do rio Kumano no início das manhãs, o verde de vários tons das montanhas, as águas do Pacífico contornando a península de Kii, as idas frequentes ao supermercado Oguwa, os bentôs, são parte de uma aventura, e talvez um sonho.

Vem à lembrança Chuang Tzu e o seu famoso Koan, poema em que sonha ser uma borboleta, e, voando, se sentia livre. Ao acordar trouxe a dúvida: seria ele alguém que sonhou ser uma borboleta ou uma borboleta que sonhava ser um homem? A estranheza da dúvida estava bem perto do que eu vivia naquele momento. Mas não tinha coragem de me aprofundar, para duvidar de quem era aquela que chegava de longe e peregrinava até o tatame. Talvez em sonho pudesse ser também uma borboleta.

Hora de dormir.

• • •

4

EXPANDIR E CONTER

Anno-Sensei quer que eu ocupe todo o espaço do tatame apresentando em uma sequência de dez kata livres, as lições do dia. Isso quer dizer, escolher um parceiro ou uma parceira e realizar os golpes em sequência. Durante quase duas horas treinamos um tipo de ataque e várias formas de responder.

Do círculo pequeno ao desenho amplo, de pé ou sentados em seiza – nos calcanhares, de joelhos, em swuari waza – recebendo ataque pela frente ou sendo atacada pelas costas. Na apresentação, o ritmo deve ser mantido numa velocidade que reproduziria a ação de um atacante do mundo real.

— Ueshiba Sensei sempre pedia para atacar rápido e com força, assim podia treinar, conta Anno-Sensei.

Ficar diante de uma situação ameaçadora e imprevisível ensina sobre a importância da atenção. É ela que vai orientar como vamos nos mexer. A atenção não pode oscilar e deve se dirigir para o ponto correto. Não podemos ficar reféns das crenças que nos limitam.

O relaxamento é fundamental para que as articulações não travem os gestos. Relaxar é manter a higidez, eliminar a rigidez, mas permanecer com tônus. É clássica a imagem do bambu vergando ao vento. Flexível e forte.

A possibilidade de ficar no meio da roda e ter a atenção toda para mim é assustadora. Não deveria. O olhar do outro não condiciona quem somos. É preciso praticar!

Crio coragem e mergulho fundo no prazer de me mover. Erro um, acerto dois, acerto mais – faço a técnica com precisão. Alegro-me, começo a sentir como é soltar o corpo e permitir que ele me leve. Sem pensar, sem restrições. A máscara que me esconde vai sendo afrouxada.

Aparecem mais e mais possibilidades. As técnicas, ou seja, a forma de lidar com a circunstância abre-se para a criatividade, sem medo. É assim então que se sente a liberdade! É preciso que o corpo a permita e se reescreva como meu veículo no mundo.

— So, So, So... Não é aprovação de Anno-Sensei, é contentamento.

A felicidade também é minha.

O exercício do treino é andar além do roteiro marcado pela dor e pela sua negação. Permitir-se. Ir no fluxo natural, centrada, atenta, grata, com simplicidade, gratidão e honestidade.

Não permitir que o dogma que alimenta a automação e reduz a capacidade de enxergar além do que pensamos que já sabemos, estreite o horizonte, encurte a vista e diminua a vida.

E não se apoiar no sucesso passado como trampolim para o futuro. A roda da repetição é o conforto do prisioneiro.

O exercício para ir além do antigo trauma, do sentimento de impossibilidade de ser refém da tragédia.

Eram pouco mais de 10h da manhã. Repentinamente, uma cortina de poeira cobriu o carro e um estrondo nos paralisou. O carro em que viajávamos havia se chocado com um caminhão na estrada.

A colisão afundou a parte da frente do veículo e espremeu meu pai e minha mãe entre o painel, a direção e o banco. Eu estava no banco de trás com a minha irmã e a babá. Fomos projetadas para frente e esbarramos no encosto do banco da frente. Era o baque. Os machucados aparentes eram mínimos.

A partir daí a memória aparece em fragmentos. Há urgência em lidar com os acontecimentos, ignoro o que estou sentindo. O mais importante é buscar uma "solução" para a situação.

Minha irmã menor – um ano meio mais nova, com dois anos – choraminga sem entender a cena: o pai desacordado, a mãe inconsciente, corpo coberto de sangue. Era preciso cuidar. Homens chegavam com ferramentas barulhentas cortando a lataria do carro e arrancando de dentro dele o meu pai e a minha mãe.

Corro para pegar a irmã caçula e cantar numa roda improvisada com a mais velha e a babá – a galinha do vizinho. Não me permitia ter medo, chorar, gritar com o terror. Cantava até que o socorro chegasse para nos resgatar. Fazia de conta que a tragédia não estava acontecendo. Presente, dilacerada, mas dissociada.

A desatenção aos nossos desejos e sentimentos é uma maneira de negar o trauma. E nos comportamos da mesma maneira de como quando o sofremos. O choque se repete no nosso inconsciente e nos desligamos de nós mesmos.

No dia a dia não é preciso um acidente trágico para desencadear os padrões automáticos. O medo faz com que apareçam como respostas o lutar, fugir e congelar, ainda que a situação não seja uma questão de sobrevivência. Os sinais de estresse são evidentes: sudorese, músculos tensionados, descarga de adrenalina, batimentos cardíacos acelerados, respiração torácica ofegante, mãos frias, confusão mental.

Aparece, por exemplo, no medo de falar em público, de enfrentar câmeras numa entrevista, prestar depoimentos em audiências públicas ou em comissões parlamentares, fazer defesa oral em concurso público. E não é incomum a ansiedade antes de uma apresentação para a diretoria ou para a reunião do Conselho de Administração.

O que está acontecendo aí é autoflagelação desencadeada geralmente por uma baixa autoestima, estimulada pelos "feedbacks" que supervalorizam "pontos de desenvolvimento" ou pela crença em *scripts* que definem modelos perfeitos para a performance. A vergonha de si, num reconhecimento injusto das incapacidades, oblitera os sucessos, as virtudes, as boas qualidades e deixam o aperto no estômago, a fuga das ideias que perdem o sentido e as palavras submergem, o tremor no corpo, pois se enxerga apenas as insuficiências em si, definidas pela imaginação do julgamento do outro.

"Sou muito exigente", "sou perfeccionista", "acredito que sempre podemos melhorar", "há muito para aprender" – são alguns dos mantras que fazem secar a garganta, comprometer a fluência e fazer esquecer informações. Essas bengalas podem estar escondendo o medo da vaia, como um abuso sofrido ou uma dor ignorada por quem deveria aplacá-la.

Podemos repetir comportamentos alimentados por uma reação inicial a um evento doloroso ou difícil, como se apenas aquela resposta fosse a adequada para quaisquer circunstâncias, porque foi a resposta necessária naquele instante. Agiremos, por causa daquele efêmero sucesso, repetitivamente, automaticamente, como se todos os acontecimentos da nossa vida merecessem a mesma resposta.[13]

Fazemos o que experimentamos e aprendemos, e fazemos melhor o que treinamos. Porém, nem tudo o que experimentamos nos leva a aprender corretamente e tampouco todo o treino favorece o bom desempenho. Nos desintegra – no sentido mesmo de tirar a nossa integridade, nos dissocia – ou seja, quando produz uma ferida, o aprendizado não serve. Quando o treino é realizado para reforçar técnicas com regras rígidas, vai gerar mais estresse.

O que você e eu queremos é ter o espaço interno, o tempo necessário para fazer as escolhas – do que queremos e das palavras que vamos dizer, como e quando. Quanto mais intimidado com as dificuldades e as expectativas, pior a experiência. Se não estamos nos sentindo bem, como podemos desempenhar bem e fazer boas escolhas?

No medo, o corpo vai se estruturando pela força. O temperamento pela rigidez, o dia a dia pelas obrigações que se sucedem sem tempo para os prazeres. É preciso fazer.

Assustado com o ímpeto da colisão, o corpo engole a pancada e metaboliza sob o manto da doença. Falta ar aos pulmões e as crises se sucedem, na asma que se recorda quando a respiração parou de susto.

Libertar o corpo do impacto da tragédia tem muitas possibilidades.

Nem sempre a cabeça vai compreender as palavras libertadoras da psicanálise, de Lacan, de todos os magos da terapia pela palavra, ou o choro catártico na Gestalt e a dinâmica energética do psicodrama ou da Constelação Familiar.

O corpo traumatizado fica espremido como foi o prisioneiro não identificado, celebrizado no romance de Alexandre Dumas, "Os Três mosqueteiros". Enjaulado e amordaçado na máscara de ferro que poderia estar escondendo o irmão legítimo do rei Luís XIV da França, herdeiro do trono, e morto sem que a sua identidade tivesse sido revelada.

Ir-se aos poucos livrando o corpo das amarras que também constrangem quem somos exige coragem, que aparece aos poucos no treino. Em inglês há uma expressão – *Fake it until you make it!* – ou "finja fazendo até conseguir fazer"! O esforço delicado lentamente produz as transformações necessárias e se abre para o movimento.

Primeiro é preciso sentir os pés, ficar atenta às mãos, visualizar o balanço do corpo e render-se.

13 Gabor Maté, médico e pesquisador canadense, explora esses princípios nos seus livros sobre stress, trauma e dependência.

Ainda que estejamos com uma máscara de ferro, ela nos esconde dos outros, não de nós mesmos; é preciso ficar fiel à nossa identidade. Porém é difícil não agir a partir do que o outro enxerga em nós – a máscara. Por isso, é imprescindível seguir, apesar do medo.

Com determinação, e aos poucos, aparecem os primeiros sinais de confiança. Na medida em que não paramos, ela irá remover a máscara. A revelação de quem somos, que poderá contrariar a ideia da outra pessoa sobre a nossa identidade, também exige coragem.

Nós, mulheres, temos mais dificuldade em mostrar segurança quando não nos sentimos fortes. Somos menos hábeis em encenar convicção quando estamos com medo ou se não imaginamos não ter as respostas necessárias.

A minha experiência profissional me confirma que os homens, mesmo com incertezas, têm mais capacidade de colocar aquela cara de "deixa comigo", ainda que não tenham a menor noção sobre que rumo tomar. O treinamento para o lugar do herói ao qual são ancestralmente orientados facilita o fingimento.

Todos e todas temos traumas. Aquela experiência aparentemente pequena ou insignificante para algumas pessoas pode deixar marcas profundas em outras. Portanto, um primeiro passo é respeitar as nossas dificuldades. Embora sejam uma parte de nós, elas não nos representam. Mas precisam ser reconhecidas com sensibilidade e atenção, autocompaixão e generosidade gentil para conosco. Assim como a criança inquieta que chama a atenção e quer monopolizar a conversa precisa ser cuidada com paciência, carinho, firmeza e persistência.

Mover os pés para onde nunca fomos, estender a visão para a trilha coberta pela névoa enquanto andamos, ela se espalha. Confiar. Não adormecer satisfeita como o cão bem alimentado. Lutar como a flor para desabrochar e se banhar ao sol, mesmo que por uma única primavera. Deixar-se tomar – agora – pela musa, e poetar.

O que parece poesia é a expressão do sentimento de se permitir o júbilo da descoberta, não a amarra das ansiosas expectativas. Romper com o sabido é um esforço que esbarra na momentânea perda consciente de controle.

A coragem de dar um salto no escuro. Encontrar o vácuo é uma possibilidade; ficar no repetitivo é mais cômodo. Se o repetitivo não é agradável, pelo menos não surpreende, é uma falsa segurança.

Aos 93 anos, Anno-Sensei tem curiosidade. Estuda, investiga. Tem dúvidas. Muitas dúvidas. Reavalia e redesenha a forma. Mantém a intencionalidade.

– Um Dojô é como uma lavanderia. Tem roupas mais sujas, outras menos, mas todas precisam ser lavadas, diz.

O que vai conectando cada um dos praticantes experientes é o avanço da autoconsciência, suas transformações pessoais, as descobertas, a sabedoria sem dogmatismo, mas uma certeza. A consciência e o treinos impedem que os traumas e roteiros impostos ou autoimpostos, nos façam menores do que somos.

A história de cada pessoa deve ser definida por ela mesma. É de si que brotarão respostas, habilidades, bem-aventurança. E ela irá receber com graça, as graças. Os mestres vêm para irem-se embora. É preciso reconhecer que os desafios se sucedem.

• • •

Nem sempre o desejado e imaginado é o possível. Há barreiras que nos desafiam. Elas existem para tentar impedir que nos expressemos com leveza, precisão, gentileza às nossas crenças, ideias, desejos e sentimentos. Nem sempre o público é acolhedor e o chefe generoso aparece em nosso socorro.

Quando não há a experiência da ameaça – que cria o medo – é mais simples estabelecer a conexão. A partir da conexão é possível a comunicação e pela comunicação, a liberdade de ser quem se é.

A conexão não é feita apenas pelo contato; a comunicação não é possível apenas pelo compartilhamento de interesses ou de objetivos; a liderança não é possível apenas pela autoridade ou pelo suborno. Conexão exige técnica; a comunicação pede curiosidade genuína, a empatia e a liderança, estabilidade, visão e foco.

A rampa de subida é a mesma para a descida.

Estava exausta. Como um zumbi dormira menos de três horas na noite anterior. Era o treino da manhã. Com esforço para atender o que Ueno-San mostrava. Ele conduzia a aula. Estávamos apenas Noriko-San e eu no tatame. Anno-Sensei olhava o que acontecia, mas parecia preocupado com alguma outra coisa.

Ueno-San parou a demonstração do golpe e falou. Olhava para mim como se eu compreendesse o que estava me dizendo em japonês. Eu não entendia, mas pelo tom e o constrangimento de Noriko-San, não era boa coisa.

A tradução veio com mesuras e timidez na voz da tradutora. Mas a síntese era simples:

— Presta atenção no que está sedo feito aqui, agora. Eu sei que em outros Dojôs pode ser feito de uma forma diferente, mas estamos aqui e você precisa se concentrar. Cada hora faz de um jeito.

Fluente em inglês, preferiu me enquadrar em japonês.

Ele estava controladamente irritado porque que eu não fazia – porque não sabia, ou porque não compreendia, ou porque me distraia – o que queria que eu fizesse.

Um professor tem a ambição de ver a lição aprendida e reproduzida com fidelidade pelo estudante. E eu era uma péssima aprendiz. Ueno-San mostrava o desconforto pela frustração das suas expectativas em relação ao meu desempenho.

Talvez por conta da minha anestesia momentânea provocada pela insônia e cansaço não senti qualquer aversão ou negatividade quando estava sendo repreendida. Ou talvez porque a tradução houvesse sido feita com muito cuidado para não ferir os meus ouvidos e brio – ainda que o tom controladamente agressivo de Ueno-San não deixasse dúvida em relação ao seu desagrado.

Era compreensível que Ueno-San se sentisse desrespeitado porque eu simplesmente não fazia o que ele estava mostrando. A minha técnica era aleatória. E, pior, eu nem notava que isso estava acontecendo. Acreditava que estava fazendo o que estava pedindo! Uma total desconexão e desatenção comigo mesma e com o outro!

A atenção – o interesse que direciona o foco – depende do ato de presença, de permanecer onde se está – corpo, mente e espírito!

Imagine que você tenha hoje a confirmação de que está grávida. Ao sair do consultório médico onde recebeu a notícia, na rua, o movimento agitado das pessoas, dos carros, dos ônibus, o som das buzinas, tudo isso fica em segundo plano na sua atenção. O seu interesse seleciona e separa na multidão cada mulher grávida ou com um bebê. Como se tudo girasse em redor disso.

Você tem uma nova lente! É por ela que você passa a observar o mundo. Você tem o olhar de uma mulher grávida. E, por causa disso – pela sua condição –, a sua atenção vai para aquilo que a mobiliza, as roupinhas de bebê, mobílias de quarto de bebê, pessoas com bebês, mulheres grávidas iguais a você. É aí que está a sua a atenção. Você está concentrada nessa novidade.

Atenção é o ato de focar naquilo que nos interessa. Isso pode ser algo externo – objetivo, e pode ser em pensamentos, lembranças, cheiros, quaisquer provocações sensoriais. A atenção nos coloca em um tempo e em um espaço que está relacionado com o que nos importa naquele momento. O foco é uma percepção seletiva. Deixamos de ver coisas. Porque não podemos ver tudo que está fora do nosso raio de interesse. Estado de dispersão é a ausência de foco.

Você pode estar querendo um par de sapatos brancos. Na vitrine vai localizar cada sapato branco. Se lhe perguntarem sobre o par de sapatos azuis:

— Qual? Não vi.

Estava ao lado das sandálias brancas. Essas sim, bonitas.

O nosso cérebro separa o que nos interessa e descarta o que não nos importa, e geralmente aquilo que nos é mais familiar ou que nos alerta para riscos. Além do que é sendo selecionado conscientemente – estou procurando sapatos brancos – os sensores operam em segundo plano, juntando informações para proteger e reduzir ameaças; dá respostas automáticas e rápidas quando reconhece algum perigo. É o trabalho da nossa amigdala cerebral e seu esquema de luta e fuga.

Quando há concentração – consciente ou não – num ponto (as pessoas sonham de olhos abertos com as próximas férias e se veem naquele lugar paradisíaco!), há uma seletividade de objetos que são percebidos (não vejo os sapatos azuis se estou procurando sapatos brancos).

A mais famosa pesquisa que demonstra a seletividade da percepção é a do gorila invisível. Os atletas estão jogando futebol. Assistimos ao jogo com o nosso olhar seguindo para onde vai a bola. Não notamos quando um grande chimpanzé passa por detrás da rede e até participa do jogo.[14]

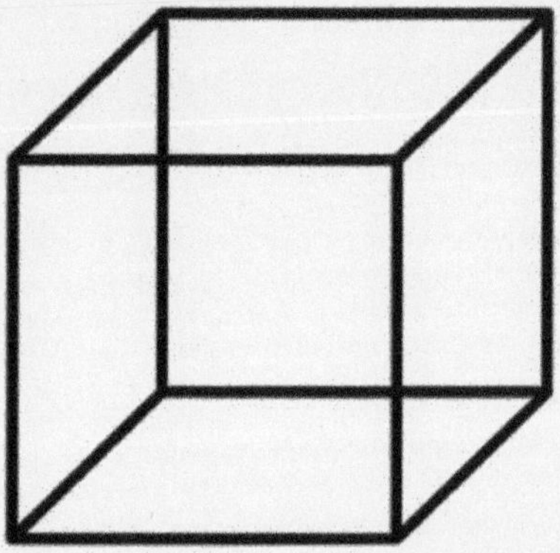

Vemos o que queremos ver. O que nos interessa e o que nos é mais familiar. Eu posso enxergar na silhueta da montanha um dragão adormecido, nas manchas da lua um São Jorge Guerreiro... O famoso cubo de Wittgenstein demonstra que uma mesma imagem tem diversas identidades a depender do foco de quem observa, ou seja, para que ponto olhamos.

Além dos nossos interesse e desejos, a atenção também é influenciada pelas condições do organismo. Cansaço, dores, preocupação – todo tipo de emoção afeta a homeostase – o equilíbrio das funções orgânicas – criando bem-estar ou mal-estar. É irrealista imaginar que estaremos espontaneamente em perfeita homeostase o tempo inteiro ou durante longos períodos. Uma noite de sono mal dormido desafia a homeostase, assim com uma topada na unha encravada ou um fora da namorada!

No tatame de Aikidô, o estado de equilíbrio é provocado quando o uke – parceiro de treino – ataca e se essa pessoa for muito maior ou mais forte e resistente às nossas manobras.

O desafio é manter a atenção, sem reduzir o foco, ou seja, sem concentrar o nosso interesse no ponto em que nos sentimos desafiados ou contidos. Isso reduz a perspectiva e nos faz reativos. Olhar para a bola rolando e não perder a noção do campo e do entorno. Uma tarefa difícil que a nossa vista sem antolhos consegue realizar com a visão periférica.

Quando Ueno-San estava mostrando as técnicas, a minha atenção não estava no que ele fazia. Estava olhando, mas não enxergava, porque a mente estava em outro lugar. Possivelmente ansiosa, tentando antecipar o que deveria fazer em vez de estar presente no acontecimento.

A pessoa que faz a apresentação pensando no resultado, no impacto que a sua fala vai causar, treme, congela. Antecipa-se ao fazer, pré-ocupa-se e se ausenta.

14 SIMONS, Daniel Simons; CHABRIS, Christopher; ANDRADE, Angela Lobo de. **O Gorila Invisível** – e outros equívocos da intuição. Rio de Janeiro: Rocco, 2011.

A preocupação é um dos fatores que mais contribuem para a perda da atenção. Pré-ocupar-se significa ocupar-se de algo que não aconteceu, reagindo como se tivesse, mas está na imaginação, no medo. A resposta da mente antecipada ao fato impede de enxergar o presente. É um estado de futuro imaginado e temido. É a tentativa de controlar a realidade pela imaginação.

Muitas condições transformam a atenção em concentração, a concentração em preocupação, a preocupação em tensão e a tensão no nervosismo... e tudo dá errado! As falsas expectativas de excelência em relação ao desempenho esperado se comparam ao *script* pessoal de insuficiência, a vozinha interna dizendo da vocação inevitável ao fracasso. O resultado é mesmo o desastre emocional impedindo que a natureza siga o seu curso e os conteúdos acumulados se confundam no turbilhão de sensações e mal-estar.

A atenção desperta nos protege. E é uma exigência no tatame de Aikidô. Embora os estudantes estejam em um ambiente controlado e os golpes executados conhecidos, isso não significa que as coisas sejam sempre iguais. O uke pode atacar numa força, velocidade ou atitudes inesperadas. A troca rápida e sequencial de parceiros – e cada pessoa tem uma maneira peculiar de treinar – exige estar disponível para lidar com as diferentes situações; dentro do previsível, há imprevisibilidade.

Juan, meu vizinho de quarto por alguns dias, no Kokorozachi Backpakers, teve dois sanduíches roubados por gaviões enquanto comia ao ar livre, perto da biblioteca de Shingu. As aves, grandes, decididas e velozes são assustadoras quando arrancam a comida da mão de um distraído turista.

Nas imediações do prédio onde Juan estava, há cartazes com alertas para que as pessoas não comam ao relento! Os gaviões rondam do alto, com vista aguçada e mergulham do alto incrivelmente no alvo. E Juan sofreu dois ataques, em dias distintos.

A distração de Juan, absorto pelo prazer de comer o sanduíche numa manhã radiante de primavera em Shingu, impediu que ele visse o ataque a tempo de salvar seus sanduíches dos gaviões.

O excesso de foco reduz a percepção. Isso se confunde com atenção, mas é concentração. Blinda para possibilidades.

Não foram poucas as vezes que encontrei um hematoma, os tais roxos, numa perna, num braço, provocados por algum esbarrão na quina de um móvel que ignorei. A marca do descuido dura muitos dias, mas nem sempre é suficiente para evitar outros tropeções. A gente se atropela com a agenda, com as antipatias gratuitas e com os ressentimentos indigestos, com a amargura.

Uma das lições estratégicas do Aikidô é:

— Não olhe para o ponto onde é atacado. A sua energia vai toda para ele e isso fortalece o ataque. Experimente segurar um soco. O que acontece? Você fica socada!

Se você agarra o meu braço e me segura, e eu jogo todo o meu peso e força para livrar o meu braço, fico mais presa! Por que eu vou puxar o meu braço se tenho o restante do corpo livre para mexer?

Uma situação comum: ser criticado, ou ter "feedbacks" depois da apresentação para a diretoria ou nos "town halls" em que todos os funcionários da empresa são reunidos para escutar um líder e se prepara... em vão, os "feedbacks" são desalentadores. Faltou emoção, faltou conexão, faltou "presença"!

O meu aviso: ouça os comentários seletivamente, considerando o que faz sentido para você. Não reduza a avaliação ao aspecto negativo. Muito difícil – aquela palavrinha negativa, uma só, falada, fica martelando na cabeça. A pessoa se sente destroçada pela frustração das próprias expectativas e mais, sendo mal avaliada pelos outros!

Quantas vezes vi alguém infeliz porque 1 slide da apresentação de 37 slides foi criticado... focar nessa observação negativa desconsidera todos os 36 slides bem avaliados. E reforça a autoimagem de incapaz. É criativo buscar novos recursos, mas não supervalorizar o que não foi "perfeito". Olhe mais amplamente! Use sua visão periférica e a generosidade para reconhecer as falhas como elementos naturais sem os superdimensionar ou o resultado será continuar travada!

A atenção desperta – acordada – não é redutora. Enxerga além dos sonhos imaginados a respeito de si e dos outros.

Naturalmente, se você está dirigindo um carro, não pode desviar o olhar da estrada e se virar para conversar com o pessoal no banco de trás. O risco de acidente é grande.

A visão lateral deve servir ao motorista na sua função de dirigir. Isso significa que o volume de informações que precisa para fazer o seu trabalho com segurança aumenta. E não diminui o estado de atenção. Não é o alerta que vai impedir o acidente e aumentar as competências. O alerta tensiona, a atenção relaxa e permite o fluir quando se lida com as coisas enquanto acontecem.

A atenção desperta permite observar a flutuação da nossa energia; não se perde a intencionalidade, e não se desliga do contexto. Mas permite sair do comportamento automático desencadeado por emoções e desejos inconscientes.

É um treino que promove a nossa integridade. Exige reconhecer também a energia da outra pessoa e criar o espaço necessário de proteção pessoal, para que não nos esbarremos por aí, nos acidentando, distraídos e distratantes.

A atenção desperta permite a antecipação e não bloqueia a percepção.

Naquela manhã, no treino conduzido por Ueno-San, não enxergava o que ele mostrava porque não estava olhando ou escutando o que dizia. Estava distante nas minhas expectativas e medos; tensão pela fantasia do julgamento. Impossível permitir que fluísse o kata!

• • •

5

A HORA É AGORA

Quando o jogador de futebol faz o passe para o artilheiro marcar o gol, este deve se deslocar no tempo correto para tocar a bola e chutar. Se corre para a bola antes do tempo, passa por ela, se atrasa, já era. O sucesso vai depender de o artilheiro se deslocar no mesmo instante em que a bola é arremessada para se encontrar com ela no ângulo, o único, possível para fazer a marcação.

Na rede de vôlei, no jogo de tênis, ir antes da hora não funciona, e ir depois também não. A velocidade e a direção da pessoa são o que vai criar as condições necessárias para o resultado. Isso exige atenção desperta. O corpo precisa estar totalmente alinhando com a mente – respiração e articulações soltas – para realizar os movimentos. Só vai acontecer se os jogadores tiverem uma visão ampla e não apenas na bola. Ou o chipanzé entra na cena.

Antecipação não é estado de preocupação ou de alerta. É a experiência de conexão. De estar junto com a outra pessoa, com a bola, com o que se passa, perceber o ritmo em que as coisas acontecem e entrar na dança.

No tatame de Aikidô há um treino especial para desenvolver essa capacidade. Essencialmente, são duas formas de lidar com o ataque – os acontecimentos: esperar que ele aconteça, que conclua, ou conectar-se com ele enquanto se desenvolve na nossa direção.

Os jogadores não serão artilheiros se esperarem que a bola chegue no seu pé para chutar, precisa se movimentar na sua direção. Para cortar, o jogador de vôlei acompanha a trajetória da bola que sobe sobre a rede e nela bate, subindo enquanto ela desce.

A ação pode ser realizada em dois tempos: quando o ato se conclui e quando a situação está em desenvolvimento. No primeiro caso – quando a situação se estabilizou – além de muita habilidade técnica, serão necessários muitos recursos porque há uma inércia que, para ser modificada, vai exigir esforço adicional. Em muitos casos não será possível atuar. A bola já terá ficado inalcançável.

A simulação de cenários de eventos previsíveis na sua amplitude e na sua consequência ajudam a criar respostas para quando acontecem. Os treinamentos de crise que as empresas fazem, por exemplo, visam preparar as pessoas que tem como responsabilidade responder imediatamente de forma segura quando for preciso.

Os desenhos dos cenários correspondem ao passado, a estatísticas que medem probabilidades diante da natureza do negócio e dos seus públicos. Todavia,

sempre haverá surpresas dentro do previsível. A intenção da preparação é reduzir a margem dessa imprevisibilidade e não improvisar comportamentos que podem ser mais eficazes se utilizados e aprendidos. Isso funciona muito quando se joga parado, esperando a bola chegar. Quando o escândalo já está nas manchetes e nos blogs.

É a visão periférica – a capacidade de enxergar além da bola que irá permitir antecipar qual será a sua trajetória. Tem alguém lançando a bola. A qualidade da informação é fator decisivo para agir. Antes dos fatos, há as condições que permitem que esse fato aconteça. De novo: num céu azul e brisa leve é menos provável que irrompa uma tempestade. Mas ventos que formam as nuvens podem estar soprando na nossa direção de algum lugar.

A atenção desperta – no tatame – permite a leitura da intenção da outra pessoa e reconhece a tendência do movimento que está iniciando. Ora, pelo começo pode-se enxergar a tendência. A trajetória da bola quando lançada só vai mudar se houver um vento novo, um fato surpreendente, uma interceptação, e na grande maioria das vezes é previsível.

O desafio da antecipação, portanto, é o tempo e a velocidade associados à distância em que pessoa se coloca, para que o encontro aconteça naturalmente. Em Aikidô, essa distância tem um nome: Maai – distância correta. E cada circunstância irá defini-la.

Aprendemos na pandemia do Coronavírus sobre distanciamento social necessário para a nossa proteção ao contágio. E sobre o uso de máscaras – que também bloqueiam o acesso do vírus ao nosso sistema respiratório.

Pela prática da atenção desperta – alinhamento interno de mente, corpo e emoções – mantendo o contato com o ambiente e com as pessoas, a antecipação acontece espontaneamente porque a nossa energia atua em nosso benefício, e sem os bloqueios da preocupação – ansiedade – que provoca a rigidez –, ela pode fluir e realizar os movimentos precisos.

As demonstrações de Aikidô em que os parceiros estão fazendo as técnicas fluidas parecem um balé. Há uma integração entre o uke e o nague, que se somam para um mesmo objetivo, permanecer juntos, cada qual com a sua função. Não há uma disputa para dominar. Até porque seria ineficaz. A cada movimento surge um outro que o completa, nenhum gesto está isolado. Só há som porque a vibração tocou o ouvido.

Você não quer controlar as pessoas para que falem bem de você, o que você quer é que elas queiram falar bem de você. A lição é manter a conexão para que os movimentos sejam feitos em conjunto com elas. A ação acontece complementando os gestos, o que muitas vezes significa criar perspectiva, quando se oferece novas informações por exemplo.

As respostas – além da automação e da rigidez das regras – originadas num estado de atenção desperta é uma condição aprendida em que o corpo é preparado, a mente acalmada, as emoções reconhecidas e as técnicas inicialmente utilizadas não são mais necessárias – como quando aprendemos a dirigir ou a andar de bicicleta, ou a maioria do que fazemos sem pensar. É o estado de fluir.

O treino começa pelo mais denso, até alcançar o sutil.

A presença da mulher em jogos tradicionalmente masculinos – como os espaços de poder e nas artes marciais – é parte do treino para quem quer se manifestar e para quem não está treinado para escutar.

Com Linda Holiday Sensei, no Funada Dojo. Mie, Kumano, abril de 2023.

Um café com Linda Holiday, 7 Dan.

Logo depois do treino da manhã, a Sensei Linda Holiday e eu saímos para um café da manhã. Queria ouvi-la como professora e mulher no tatame do Aikidô. A minha curiosidade, porém, esbarrava no desejo de saber mais a respeito da sua programação no Brasil, onde estaria dali a seis meses.

Um dos resultados da prática de Aikidô é poder observar os movimentos da outra pessoa em relação a seus próprios movimentos – esses todos podem ser externos ou internos. E a capacidade de acalmar-se a si mesma, contando com a eventualidade de a sua satisfação ser adiada até que surja uma nova brecha. É, sem dúvida, um treino muito difícil, especialmente diante das urgências que nos impomos e a importância que emprestamos às nossas necessidades.

Porém, fazer de conta que estou apenas a serviço acaba por me levar a uma experiência em que o importante para mim tem menos valor do que é o desejo da outra pessoa, quando ambos disputam o mesmo tempo e espaço.

A paciência tem sido um dos ensinamentos mais importantes nesses dias de tatame. Escutar, escutar – não apenas com os olhos e com a mente – essa desordeira agente que mobiliza a atenção e coloca à frente apenas o que pode fazer sentido para nós mesmas, num impulso de ego, mas também de sobrevivência.

Naqueles breves minutos entre chegar à cafeteria, sentar-me e pedir o cardápio padrão, imaginava como colocar a minha agenda na conversa. Eu estava atrás de respostas significativas e amplas, mas era atropelada pela urgência de tratar assuntos do cotidiano. Eu estava em uma busca pelo sentido maior do Aikidô, do que é esse caminho, a partir da experiência de uma das mais antigas e desenvolvidas professoras e que tem a visão do Ocidente. Mas Linda tinha um foco mais imediato.

Alinhamos o projeto de Linda Holiday. Eu estava incorporada à iniciativa de um aluno dela, agora com Dojô no Brasil, e responsável pelo convite para a realização de um seminário. Eu tinha algumas ideias e achava importante expandir o acesso às pessoas e às aulas dela quando fosse ao Brasil. O ponta pé inicial estava dado. A conversa foi por esse caminho e o café já estava consumido.

Eu me contorcia para perguntar sobre Aikidô. Estando diante de uma mulher mestra na arte, fui pela pauta mais óbvia: mulher no tatame. Dei vazão ao meu instinto básico de jornalista fazendo perguntas e anotando respostas. Aquilo se transformava num ping-pong, eu colhendo as reflexões mais imediatas da Sensei, pensando em como as suas falas ressoariam entre as mulheres.

Mulheres são minoria no Aikidô. A ideia de que uma arte marcial se identifica com violência, e arriscar-se a sair do tatame machucada, é uma imagem que afugenta quem não possui a vocação para uma disputa feroz.

Linda Holiday é uma das primeiras mulheres a ensinar Aikidô. 7 Dan é praticante há 50 anos. Treinou em Shingu, a partir dos 20 anos de idade, e desde então se vinculou a Anno-Sensei. Tem um dojô na Califórnia, nos Estados Unidos, onde ensina. Como professora experiente, reconhece que a exclusão das mulheres do tatame corresponde a uma visão cultural em que os homens sempre foram os tradicionais praticantes das artes marciais, em especial no Japão.

Para Linda, a mulher fica invisível no tatame porque geralmente há uma tendência a se usar o homem como uke.

— Já tive muitos professores convidados para dar aulas no meu Dojô e respeitosamente peço a eles que convidem as mulheres para serem ukes, conta.

Ela relata que há cerca de 20 anos, mesmo Anno-Sensei quando ia fazer seminários em Santa Cruz nunca chamava mulheres para demonstrar as técnicas. Ela chamou sua atenção para isso e ele ficou surpreso.

— É uma maneira automática de agir, quando apenas homens estavam treinando, analisa.

A falta de confiança das mulheres que treinam é um outro ponto que precisa ser superado. Estar preparada, sentar-se nas fileiras da frente em postura que indique prontidão é essencial para reduzir a invisibilidade das mulheres nos Dojô onde os homens são maioria, uma lição que vai sendo duramente aprendida por mulheres que chegam a posições executivas nas organizações ou instituições. Mais do que estar preparada, mostrar-se preparada!

Isso significa, na prática do Aikidô, treinar duro para ser uke, de tal maneira que o homem não se sinta na posição de "proteger" as mulheres. Uma proteção que sinaliza o pouco reconhecimento da competência da mulher, e os sinais da complacência em nada tem a ver com respeito.

— O treino deve ser cauteloso tanto para homens a quanto para mulheres. Todos tem que estar confortáveis, ensina Linda.

A realidade do tatame se confunde com aquela dos escritórios, das diversas organizações sociais e políticas, que ainda engatinham na governança da inclusão da diversidade.

Uma das questões que envolvem o relacionamento de homens e mulheres no tatame e fora ele – e podem dificultar a harmonia, é a predisposição de homens, muitas vezes menos experientes, em ensinar o que ela deve fazer. Colocar-se acima da mulher é ocupar uma posição historicamente masculina. Estar consciente desse padrão automático exige que a mulher também se mostre na sua força e qualidade, mas depende também de como as organizações são governadas.

A mulher não pode, ainda que tenha competências inquestionáveis, superar sozinha as barreiras que ao longo dos tempos foram construídas para mantê-la fora dos espaços de poder. A sua fala sendo silenciada, os seus movimentos controlados naturalmente criam fatores de inibição e de baixa estima, que frequentemente aparecem disfarçados em agressividade e excessivo rigor consigo e com as outras pessoas.

A criação de ambientes em que a expressividade das mulheres esteja segura é um dos fatores que, segundo Linda, assegura a continuidade da presença de cada uma nos treinos.

— As mulheres devem acolher umas às outras, trocar experiências, fazer conexão. Nós sabemos que o que mantém as mulheres no tatame são as outras mulheres.

— Sabes, quando vou fazer o kata (golpe), eu fico travada. Não consigo. Faço com as duas pessoas com quem estou acostumada, mas aqui, não consigo. Quero me livrar desse sentimento, é muito ruim.

Pilar, uma espanhola do grupo de Jesus, com seus 50 anos de idade, ainda nos cinco primeiros anos como Aikidôísta, – ao lado de Paco, Pedro, Isaac – conta o que eu mesma sinto depois de mais de 20 anos de treino.

O aspecto inconsciente dos homens em relação à capacidade da mulher revela uma cultura de se usar o poder para dominar.

— Devemos ficar todos atentos a isso. O Aikidô dá poder e esse poder pode ser absorvido de uma maneira positiva ou negativa, como agressão. E, "fazer melhor uso do poder" é um desafio, reconhece Linda Sensei.

Ficar diante das outras pessoas com seu olhar generoso e atento projeta naquelas condicionadas a serem invisíveis, um misto de temor e de insegurança. Afinal de contas, o espaço que nos é oferecido é um merecimento natural? A história não confirma.

Na minha geração – da pílula anticoncepcional, do movimento hippie, da chegada no mercado de trabalho disputando posições de comando com homens – a reafirmação de competência, dos direitos, foram lutas realizadas com vigor.

Vestir "terninhos", ter uma fala artificialmente encorpada para realçar a autoridade dos cargos de chefia recém conquistados, mas ainda aceitando pudica salários menores que aqueles dos homens no mesmo lugar, refletia no tatame. E Pilar era uma prova disso. A insegurança e o medo travam aquelas que não experimentam desde cedo o conforto do apoio.

— Ao fazer, simplesmente esqueci quem estava olhando e me senti muito feliz.

A americana, californiana, agora residente na Suíça, contrasta com o meu sentimento e com o relato de Pilar. Além do avanço individual, resultado de esforço pessoal, a autoconfiança de Véronique, era a demonstração da cultura de um grupo.

— No nosso Dojô, a proporção de estudantes é de metade homens e metade mulheres, e o treino é para aumentar a conexão entre nós.

Uma reflexão sobre a importância do acolhimento e do apoio como elementos fundamentais no desenvolvimento da autoestima e da segurança fica evidente nas apresentações daquelas mulheres.

Inge, a holandesa integrada ao grupo dos americanos, também aluna de Linda Holiday, quando Anno-Sensei pede que duplas se apresentem, estava sempre entre as primeiras pessoas a correr para o centro do tatame. Mesmo quando o kata não era feito com correção, não parecia se importar, e continuava com um sorriso no rosto. A prática era essencialmente para o seu bem-estar e isso alegrava a todos.

A fraternidade – sororidade, que tece a teia de acolhimento entre as mulheres – pode e deve ser estendida a todos os seres, no tatame e além, não há uma força que se oponha com sucesso a energia potente da vida.

A minha estada em Shingu vai se transformando numa colcha *patchwork*, em que os retalhos das diversas leituras das experiências de cada sensei, de cada praticante, se constitui numa coberta irregular, mas vistosa, desses tecidos que parecem não combinar entre si, mas costurados juntos fazem sentido e alegram.

Os conflitos, aparentes ou não, inerentes à convivência, surgem nas narrativas das pessoas que se esforçam em mostrar que é possível o pacifismo entre diferentes e socialmente desiguais. Isso requer cuidados consigo.

As relações se fortalecem também no reconhecimento da equivalência entre as pessoas. A voz que se cala diante da ameaça da estigmatização – "*mulher histérica*" quando se posiciona com veemência, ou se retrai no tatame, em que a violência antiga dos treinos que quebravam ossos e até mutilam, criam espaço para a naturalização da exclusão.

Duas mulheres japonesas frequentes nos treinos nas últimas semanas se movimentavam com confiança. Parte de uma sociedade na qual tradicionalmente a mulher anda um passo atrás dos homens, as duas confirmavam que a cultura interna do Dojô tratava de maneira semelhante homens e mulheres.

Não se pode dizer que o comportamento do líder naturalmente impregna todas as pessoas que fazem parte de uma comunidade. Quando o treino era com um japonês menos acostumado com mulheres no tatame, em especial estrangeira, como eu, os sinais de impaciência ou de condescendência podiam surgir. Ou o ritmo ficava mais rápido que o normal, ou a cautela excessiva para "cuidar" não ajudavam o treino a fluir naturalmente.

Ocupar um espaço historicamente negado e muitas vezes com explicações longas e racionais para a exclusão das mulheres é um desafio que não é menor quando se diz que a arte – o Aikidô – é para todas as pessoas, de todos os gêneros, e de qualquer idade. Assim como a Declaração dos Direitos Humanos proclama que todos os Homens (e mulheres?) são iguais.

— As mulheres podem tanto quanto os homens – diz o mantra do Aikidô.

Aquelas palavras ainda precisam alcançar a prática. Como na sociedade, a inclusão dos diferentes ainda é um debate.

A dedicação em aquietar o coração, em se auto-observar e reconhecer a força do ego e seguir pacientemente também pode exaurir.

O domingo está com sol claro. Céu sem nuvens.

• • •

— Se leite fosse bom para adultos, boi mamava.

Quem já não riu da frase? Eu continuo rindo.

O chiste, que libera os adultos da dieta, não dá permissão às crianças para rejeitarem o café da manhã ou o lanche que inclui um copo de leite.

— Todos os senseis vão dizer que estão praticando o Aikidô de Ueshiba Sensei, diz sorrindo Hine Kuretaro Sensei, e continua: – Ueshiba Sensei não entrou no detalhe das técnicas. Ele insistia que o objetivo é as pessoas serem felizes.

— Cada aluno, em cada tempo, pegou uma fase de O'Sensei. Isso aparece, sem dúvida, em como praticam e como ensinam a arte. Anno-Sensei conheceu grande parte da sua trajetória, observa Juerg Sensei.

A biografia do Fundador registra que quando criança, franzino e com saúde frágil, o pai dele o fez se dedicar a práticas físicas, com professores de artes marciais, para superar aquelas limitações. Ao longo da infância e adolescência e jovem adulto praticou diversas artes, ganhando destreza em todas elas. O corpo recompensou a dedicação com uma estrutura forte e saudável.

Ueshiba Sensei passou por várias fases da sua vida, e seu autodesenvolvimento se refletiu na maneira como praticou o Aikidô.

— No início, quando começou nas artes marciais O'Sensei queria ser forte, diz Hine-Sensei.

Na medida em que mudamos, pela idade, experiência, novos conhecimentos, deixamos de ser a mesma pessoa da véspera. O famoso filósofo grego Heráclito de Éfeso, alertava desde o século V a. C para a mudança como constância na vida. Que nunca banharíamos no mesmo rio duas vezes – mudamos e mudam as águas. Isso é também parte de uma sabedoria mais antiga, o budismo: a impermanência.

A Moira, deusa implacável do destino, tece continuamente e o tempo passa por suas mãos movimentando a roda da vida. Não há como escapar do destino, ainda que tenhamos o desejo secretamente guardado, de que tudo seja para sempre, como é.

A dificuldade – consciente ou não – de mudar, deve-se ao desejo para que tudo seja mantido sob controle, sob nosso controle. E quando digo tudo - é tudo mesmo – porque afinal – se chove... Ó chuva! Se faz calor: ó calor. A reclamação é feita por quem se sente no direito de dirigir as estações. Apenas apreciá-las bastaria.

Hine-Sensei é o instrutor chefe do Funada. Dá aulas sábado à noite. Também foi treinar querendo ser herói:

— Quando eu comecei a treinar queria ser forte. Descobri mais tarde que isso tem um limite. As técnicas físicas têm um nível para se atingir. As técnicas espirituais, não.

— Eu comecei treinando Aikidô a partir da ideia de conflito, e só depois compreendi a harmonia.

Com Hine Sensei, no Funada Dojo. Mie, Kumano, maio de 2023.

É preciso desarmar-se a si mesmo para desarmar a outra pessoa:

— Vamos mudando a nossa própria energia e com isso também atraindo pessoas com o mesmo tipo de vibração. As pessoas procuram aquilo que as faz se sentirem bem.

Quando a criança chega para o treino, o tatame é o espaço para brincadeiras. Direcionar a vitalidade de uma dúzia de meninos e meninas que se sentem livres para rir e correr é um desafio. É preciso não conter a energia, mas estimular que siga brotando em benefício próprio e em favor das outras pessoas.

E chega o jovem – com hormônios em ebulição, incluindo a afirmação da própria identidade. As referências que têm para si são absorvidas do grupo, das fantasias das redes sociais, da cultura que estimula padrões inatingíveis de força, beleza e felicidade pelo consumo. Isso faz com que enxergue no tatame a oportunidade para ser herói.

O convívio nas redes sociais traz ideais estéticos, de prazer e de aventuras. Cria uma ansiedade que sonha eliminar a trajetória natural do crescer, envelhecer e morrer. São as experiências digitais que passam a dirigir os desejos, ofuscando a experiência de cada etapa da vida. Tudo parece ser uma festa.

Cada nível de necessidade tem a sua verdade. É o que também ensina a natureza.

Se assistirmos à magnífica chita atacando a gazela, e fazendo dela a sua refeição e a dos seus filhotes, entenderemos que ela mata por sua sobrevivência. Assim, nos acostumamos a ver a adaptação dos animais nas suas característica e capacidades para continuarem vivendo. Alguns desenvolvem a camuflagem, outros a rapidez, outros a força. Cada qual com um tipo específico de inteligência que, igualmente, vai se manifestando no seu corpo e temperamento.

— Aqui em Shingu, Ueshiba Sensei só falava dos deuses e da maneira como o Aikidô fazia uma conexão com eles. Para ele, os deuses estavam na natureza, com quem aprendíamos e de onde viam espontaneamente as técnicas.

As aulas com o Fundador, nessa época da vida dele, com mais de 70 anos de idade, em Shingu, contrariava o desejo dos jovens e vigorosos praticantes.

— Quando eu era jovem também não gostava como O'Sensei fazia – lembra Anno-Sensei, referindo-se ao Norito – prece que recitava, em seiza (sentado sobre os calcanhares, ajoelhado) – e que podia durar até 20 minutos.

– Os meus joelhos doíam e eu não entendia para que aquilo. Agora entendo, depois de muitos anos. Eu também queria ser forte. Mas fui descobrindo, na medida em que praticava, que isso tem um limite.

— Quando comecei a treinar com Ueshiba Sensei, ele tinha 71 anos de idade. Era muito forte, muito poderoso, mas de uma força diferente. Nunca machucou ninguém. Eu queria descobrir o que era aquela força misteriosa.

Pequeno, magro, ágil, postura sempre muito ereta que o faz parecer mais alto, Hine-Sensei tem a fama entre os locais de possuir técnica esmerada. É um praticante do Zen budismo.

Reconhece a grande dificuldade em traduzir por meio das palavras o significado do que apreendeu durante uma vida inteira de mais de 60 anos de treinos.

— Como eu posso lhe dizer qual é o gosto da água, pergunta apontando para o copo cheio sobre a mesa.

— Assim, o Aikidô de O'Sensei é como a água – contínua. Eu posso colocar no seu copo, numa xícara, e em cada uma delas vai ganhar uma forma diferente. O importante é que não deixe de ser água, que não perca a sua essência. Se você se concentrar na técnica, no vasilhame, vai gerar conflito.

Mas qual essência não pode ser perdida?

Ele insiste no seu mantra, pelo qual ensina e pratica.

— Se as pessoas estão felizes, está bem.

E o que seria errado?

— Usar a força física.

Hine-Sensei descreve com persiste na sua busca:

— Eu prefiro treinar sozinho, na natureza. É aí que estão os deuses de que falava Ueshiba-Sensei. Vou quase todas as noites para a floresta e pratico. Chegam os pequenos animais, pássaros, coelhos e me ajudam. São meus amigos. Vou descobrindo novos movimentos e levo para os alunos no sábado à noite.

• • •

6

YOCHIO!

Ao final de duas horas e meia de treino, Anno-Sensei se prepara para encerrar a aula, em seiza,[15] à frente dos 24 alunos de vários países que se reuniram aí para treinar com ele. Faz os cumprimentos – primeiro curvando-se diante do kami,[16] e em seguida diante do retrato de O'Sensei. É uma demonstração de gratidão pelos ensinamentos.

— O'Sensei tem 140 anos de nascido e é importante seguirmos com o que ele nos ensinou. O mais importante é o sentimento de gratidão, do amor pelas outras pessoas, pela alegria que podemos dar também, diz Anno-Sensei. Ele agradece, curvando-se diante de cada um, de cada uma das alunas e dos alunos dizendo:

— Domo Arigato! (Obrigado).

— Eu poderia ficar aqui com vocês para sempre, porque me trazem muita alegria e eu me sinto capaz de treinar nesses meus 92 anos de idade.

À parte a experiência prazerosa, Anno-Sensei lembra que "o crescimento não vem apenas com alegria, vem também com as dores. A vida é feita de mais momentos de sofrimento do que alegria. O nosso trabalho é transformar esses grandes sofrimentos em pequenas alegrias".

— Para treinar, é preciso gratidão, alegria, mas também é necessário coragem. Coragem para se colocar no centro do tatame e mostrar a técnica, e para falar, disse com uma provocação para que todos falassem sobre si diante dos demais.

Jeff, aluno de Linda Holiday, está em Shingu há quase três semanas. Ao final do treino, Anno-Sensei tem prazer especial em jogá-lo, dez, vinte vezes, numa sequência de nos tirar o fôlego, e que também quase esgota Jeff, que não perde o bom humor, mas sobrevive sendo socorrido por Ueno-Sensei, que se oferece para cair.[17]

Com a mesma coragem para cair e levantar, Jeff vocaliza minhas emoções.

— Tenho muitos nós e sinto que aqui – aponta o próprio peito –, a cada dia de treino, vou desatando e quebrando as minhas resistências. Não poderia fazer isso sozinho. Tenho ficado diante dessas tensões internas e visto como elas vão soltando. O meu sentimento resume – é de gratidão a todos.

As palavras de Jeff ressoam em cada uma, em cada um e em todas as pessoas. É possível sentir a emoção no ambiente, mesmo sem que todos sejam fluentes no inglês – havia espanhóis e suíços no tatame –, pois as expressões de reverência mostraram uma conexão intensa entre nós.

— É muito difícil receber. Eu não soube receber tanto quanto gostaria. Queria ter podido receber mais de O'Sensei, diz Anno-Sensei. — Mas eu não soube ou não pude. Ser uke (aquele que recebe) é um treino muito difícil. Nem sempre estamos preparados para receber.

15 Posição tradicional de se sentar no Japão: sobre os calcanhares e joelhos dobrados à frente. É a forma como se iniciam e se encerram as aulas. Há também golpes realizados com a pessoa recebendo e fazendo o ataque nessa posição.

16 Altar onde ficam as representações das divindades protetoras. Também se refere ao aspecto divino de cada pessoa.

17 Cair significa, no contexto do treino, receber a técnica do Nague (o que aplica). O uke é a pessoa que recebe a técnica e cai, o que em repetições pode ser extremamente exaustivo, porque não há pausa entre as projeções.

No processo de comunicação, o ato de receber é uma exigência para que aconteça a troca, e a conexão se mantenha. Receber significa abrir tempo e espaço e muitas vezes ceder posições e opiniões.

No tatame, durante os treinos, uma pessoa tem a função de atacar, e a outra de responder o ataque realizando uma técnica, que termina com a pessoa que atacou imobilizada ou sendo jogada. Os alunos se revezam nessa função: quem ataca recebe o kata e vice-versa, ambos experimentam as duas posições.

Diante de uma situação de provocação ou de ameaça é preciso responder, mas sempre se protegendo e reduzindo a própria exposição, e não apenas isso. O mais difícil: manter a conexão com quem se dirige contra nós, anular seu ataque e colocá-la onde não ofereça mais risco.

No tatame, as habilidades dos praticantes são reconhecidas pela agilidade e beleza com que contém ou redirecionam o ataque. Há movimentos simples, básicos, e formas elaboradas que, para um público leigo, pode parecer um balé.

A pessoa atacada (Nague) deve estar preparada para a situação, antecipando-se àquilo que poderá acontecer. Não há passividade diante da ameaça. Não se espera que a situação se cristalize para então agir.

Uma lição de comunicação que passa despercebida. O essencial e o mais importante não pedem longas explicações. Como nos movimentos de Aikidô, sem excessos, porque o natural contém a si mesmo. Além do que dizer, do como, há o quando.

Qual o melhor momento para falar? Há uma regra para interromper? Como redirecionar discursos injustos ou infiéis à verdade?

Atuar no tempo correto é um aprendizado; um desafio à ansiosa necessidade de controle, quando nos vemos sendo atropelados por outras falas que intimidam ou produzem desconforto, levando-nos a cortar a outra pessoa e interrompendo, tentando nos impor.

A interrupção é uma tentativa de bloqueio, que apenas cria a base para que a outra pessoa reforce a sua posição. É da física!

Agir depende da percepção que se tem da intenção da outra pessoa e como as circunstâncias estão se desenvolvendo. Há apenas um instante, único, que é a janela de oportunidade para que o movimento aconteça com fluidez. Se nos antecipamos à ação, cai no vazio; se esperamos, somos subjugados. Isso significa ampliar o olhar para as circunstâncias e não se fixar naquele ponto em que nos sentimos atacados.

É possível que cada qual se detenha num ponto de observação; aquele que lhe serve no momento. O desafio proposto por Anno-Sensei é ampliar a leitura do que acontece nesse instante e perceber a sua dimensão ampla, universal, e em cada pessoa.

Algumas perguntas práticas: de onde vem o movimento? Da pessoa, do tempo – realidade – de pressões de terceiro, de confusão pessoal? De algum sofrimento mal elaborado?

Não se trata de fazer uma sessão terapêutica em alguns segundos, mas abrir-se para o desconhecido e não se fixar apenas no golpe. Assim, é possível desarmar-se para oferecer uma outra visão que não seja aquela de desconstruir o que vem. Saindo do tatame, e indo para a conversa, isso quer dizer: perguntar? Levar a que a pessoa se aprofunde no seu desejo, nas suas razões. Assim, vamos escapar do ou-vai-ou-racha...

Carolini estava se despedindo hoje. Era seu último dia no Dojô. Praticante avançada de karatê, possuía o 2 Dan, mas de Aikidô, ainda não era faixa preta, não usava hakama.[18]

— Eu vim aqui pensando em aprender novas técnicas, em ficar mais eficiente e forte.

Não imaginava que neste momento estaria tão tomada por emoções e me sentindo tão comovida com o que aprendi.

Na voz embargada, não parecia a mesma pessoa que há três semanas chegara em Shingu com determinação para dominar rapidamente todos os segredos das técnicas, aplicando-se com obsessão. Meio escocesa, meio polonesa, residente na Suíça, dona de uma formação técnica de cientista especializada em metodologia de processos para fabricação de grandes máquinas multifuncionais, precisou renunciar ao controle total e permitir que o fluxo da própria energia se expressasse no tatame.

Mais uma vez, a eletricidade de uma descoberta especial a respeito de si mesma faz com que uma única pessoa se torne vetor de mudança em todas as outras. Pelo menos era assim que parecíamos compartilhar as falas de Jeff e de Carolini.

Hine-Sensei sentencia:

— O treino de Anno-Sensei é uma forma de terapia.

Uma tradução dos que são os treinos: uma forma de terapia em que há a busca de integração de todas as dimensões da pessoa; seus aspectos físico, mental, emocional e espiritual. Ou como prefere repetir Anno-Sensei, "um polimento do espírito de cada um".

— A atenção sobre o que sentimos e sobre o que estamos fazendo, sem perder o contato com a pessoa e com o Universo, sentencia Anno-Sensei, exigindo de cada aluno e aluna uma seriedade alegre no treino.

• • •

Depois de comermos sushi, cantarmos parabéns para Anno-Sensei e para mim, e saborearmos o bolo, saímos os quatro da casa de Buwa-San, um espaço "patchwork", como ele chama, construída que foi com remendos de todo tipo de material e abrigando uma infinidade de objetos – quadros, pequenas e grandes esculturas em madeira e pedra, ornamentos variados, acessórios para altares, brincos, colares, criações com cristais engatados em troncos de madeira, livros, louças... Iríamos, segundo O-ta San, conhecer um lugar bonito.

Anno-Sensei se mantinha muito disposto, mesmo depois de ter que galgar um lance íngreme e estreito de escada para chegar ao andar superior da casa onde comemos e

18 Calça larga com pregas, preta ou azul marinho, parte do uniforme e treino, inspirada no vestuário dos antigos samurais, usada geralmente a partir pelos praticantes que já tem o grau de shodan – ou faixa preta.

bebemos chá, regados por uma amável conversa que O-ta San vez por outra traduzia, e que eu, na maior parte do tempo, adivinhava.

Nos meses em que estive em Shingu, me surpreendia com a beleza da natureza local. Deslumbrava-me com as montanhas cobertas de flores e cedros, os pequenos córregos, as trilhas embrenhadas na mata, os santuários, as grandes rochas esculpidas nos rios, as árvores centenárias e as trilhas para peregrinos serpenteando as encostas dos vilarejos.

A estrada era sinuosa. O dia luminoso criava o quadro perfeito para a nossa excursão. No pequeno recuo, O-ta San estacionou o carro e descemos. Adiante, uma trilha beirando o rio. De um lado a mata, do outro as águas transbordando sobre as enormes pedras do leito das águas.

Caminhamos absorvidos pela beleza, vez por outra o silêncio era quebrado pelo canto de um passarinho. A caminhada exigia cuidado, as passagens eram estreitas, mas bem cuidadas. Em alguns pontos era preciso ir bem devagar para evitar a beirada alta precipitando-se sobre o rio.

Anno-Sensei completava 93 anos.

Aquele passeio era uma aula de Aikidô.

Ele andava com determinação, embora com dificuldade. Ora O-ta San, ora Buwa-San, ora eu mesma o amparávamos para evitar que escorregasse no terreno deslizante das pedrinhas. Ele mantinha o bom humor e a cada pequeno obstáculo superado ria e clamava Yochio! Yochio! Repetia com alegria. Todos compartilhávamos as pequenas conquistas. Era preciso uma pequena escalada entre as pedras para atravessar a trilha e chegar à ponte sobre o rio. Lá íamos com Anno-Sensei Yochio! Yochio!

— Sensei, o que é Yochio?

Ele sorri, levanta os ombros e mostrando satisfação:

— É um jeito de a gente se animar!

Caminhar ao lado de Anno-Sensei por trilhas calçadas com pedras irregulares, com seixos minúsculos, tortuosamente desenhadas pelas montanhas, para visitar um santuário, um templo – curvar-se diante da natureza, contemplar as árvores, os rios e as pequenas quedas d'água espalhadas pelos trajetos era sempre uma bem-aventurança.

Da mesma maneira que no tatame ele exalava alegria e modéstia, nesses passeios a disposição e o interesse pela paisagem e as descobertas que ia fazendo pelo caminho – as pequenas grutas escondidas com pedras colocadas na forma de homenagem aos deuses – empilhadas com delicadeza – mereciam dele observação curiosa.

Nada passava despercebido e, em cada instante – superando uma dificuldade para subir a ladeira, ou ajeitar os pés para não escorregar no fio d'água que cruzava o caminho –vinha um alegre Yochio!

E não parecia ter pressa. Ia esgotando a experiência com gentileza. Parando de vez em quando. E se havia uma pedra onde se sentar, sentava-se. Onde havia um oratório, rezava.

Morando em Kumano a vida toda, e na casa onde nasceu, cercado pelas montanhas, matas e rios, ainda se admira da natureza que o cerca. Não sente tédio.

— Cada dia é novo, repete.

— Ele sempre quis ir além, pesquisando, conta Hine-Sensei, que convive com ele há mais de 60 anos.

— É preciso ter bons livros e bons amigos. Esse é também é um dos mantras de Anno-Sensei.

A falta de certezas alimenta as descobertas dele, dentro e fora do tatame. Para um tempo antes de responder uma pergunta. Como se mastigasse vagarosamente o significado dela enquanto busca genuinamente responder. Assim como para silenciosamente diante de uma flor, uma rocha, uma árvore. Parece que está tentando arrancar de cada um seu segredo. Ele não tem respostas prontas, de quem já viu de tudo.

O que nos ensina e surpreende é uma inquietação serena, amável, com deslumbramento pelos mistérios.

— Vou procurar coisas novas para lhe contar quando voltar aqui, me diz sorrindo, depois de responder incansavelmente as minhas insistentes perguntas.

O Aikidô treinado no tatame, é uma prática em que a pessoa busca se harmonizar com quem treina visando a manifestação daquilo que define a arte: a busca pela harmonia. É o mesmo desejo dos peregrinos busca do contato com a divindade encontrada em si mesmos. O encontro, porém, depende de uma caminhada.

O sentimento de curiosidade reverente diante da natureza, a gratidão por viver a sua beleza e a alegria como mantra para a superação das dificuldades é uma lição poderosa. Ter dúvidas, admirar-se, aprender com o outro – que, e o que quer que seja.

Mais um capítulo no entendimento da comunicação – na forma como nos relacionamos. Não há respostas prontas para todas as curiosidades e dúvidas, há o desconhecido e misterioso que se revela na paciente e cuidadosa observação; sem julgamento, mas com admiração pelo surpreendente.

— No Aikidô é 50/50. Como o dia e a noite, é preciso dar espaço para o outro. Buscar a verdade, a beleza e a serenidade. Lembrar que é difícil, e que até os deuses lutam!

O dia já ia longe quando retornamos para casa. Descendo do carro, enquanto abana as mãos, Anno-Sensei sentencia: Yochio!

Yochio é um caminho para o Musubi.

• • •

Musubi é um termo dentro do xintó que pode ser traduzido como "divino poder da geração ou do crescimento". É a conexão criativa que gera a vida, a fertilidade e a prosperidade. É a união com o divino permitindo que o ser humano se mantenha integrado à natureza.

Anno-Sensei em uma das trilhas de Kumano, maio de 2023.

O divino não corresponde a uma entidade religiosa. É o aspecto sutil que transcende o ego e cria identidades e separatividade. O divino é a dimensão humana além dos vícios e virtudes, o guia interno que nos projeta na direção do bem, da verdade e da beleza.

Alcançar o estado de musubi é uma ambição no Aikidô, porque inclui a harmonia profunda com todos os seres. É permanecer em rede numa genuína conexão. Dessa integração, que pressupõe chegar à própria integralidade, as decisões baseadas no egoísmo são removidas.

As aulas no Funada Dojô, depois do alongamento e aquecimento, são iniciadas com a prática do Musubi.

Cada praticante procura integrar-se no agora, à sua dimensão espiritual – o kami (divindade interna), por meio de uma respiração profunda e silenciosa em que as mãos são juntadas, postas em oração, levadas ao alto e trazidas para o centro do corpo. Aí, as mãos ficam uma sobre a outra como se carregassem uma bola de energia – a energia do coração ou kokoro, localizado no centro das palmas das mãos de onde a energia se expande por meio de uma vibração produzida através do hara ou tanden, ponto no meio do corpo, próximo ao umbigo.

No Aikidô não há competição. As pessoas com as quais treinamos são suportes para nossas transformações. O Musubi só é possível quando nos igualamos uns aos outros e os reconhecemos em nós mesmos.

As diferenças entre as pessoas – de qualquer tipo – as classificações criadas socialmente, etnicamente, nas divisões ideológicas e religiosas e na maneira como lidamos com os recursos do planeta edificam os muros da desigualdade. São responsáveis por guerras e infortúnios da exclusão, do desterro, da violência, da morte, do comércio bilionário de armas que substitui investimentos em educação, saúde, na preservação dos seres, no meio ambiente.

A moralidade ao longo dos séculos cria regras que protegem interesses e se adaptam às vontades das elites dominantes, que se mantém no controle do Estado, dos meios de produção de riqueza, no poder político e econômico.

A escravidão de seres humanos pelos países colonizadores nos séculos XVI, XVII e até XVIII era abençoada pela Igreja. As pessoas diferentes em sua aparência eram classificadas como seres cuja alma estava fora de alcance do Paraíso Divino e, portanto, deveriam sofrer as dores da subjugação para o merecido acesso às hostes angelicais. A perda da liberdade, dos laços com a comunidade, com as famílias era o menor dos males, segundo os escravizadores, diante da promessa do reino de Deus.

Comunidades organizadas segundo princípios religiosos, grupos étnicos e sociedades que se juntam numa localidade – no deserto, nas frias planícies árticas, nas ilhas do Pacífico – desenvolvem hábitos e crenças que lhes são próprias. De fora desses grupos, aqueles comportamentos são julgados "selvagens". Gestos, hábitos, alimentação são parte de cultura.

O limite da compreensão é a barreira do preconceito, fruto da ignorância. A sensação, segundo a qual, ser diferente, fazer de outro jeito justifica a exclusão e impede o Musubi. A confraternização é apenas entre os iguais.

Curvar-se diante da outra pessoa em saudação social comum no Japão, corresponderia, segundo o meu amigo Morita – de longa linhagem familiar samurai – a autodefesa. Estender a mão como fazem os ocidentes para se cumprimentarem é muito perigoso. Seria se expor a um puxão e a um golpe de um inimigo não declarado.

E dá um conselho:

— Quando você for para Tóquio, não estenda a mão a um desconhecido ou quando for apresentada a alguém, é perigoso.

Dentro dessa lógica – realista na "Era dos Estados Combatentes" – como é designado o período de guerra civil constante entre 1467 e 1615 pelo domínio do Japão – samurais e ninjas eram a base do poder, a base das relações era a desconfiança, por isso a cautela de Morita é compreensível.

Experiências transgeracionais também influenciam nosso comportamento. E dificultam as conexões. Porém, a separatividade contradiz a essência humana. Somos possíveis porque nos juntamos. Somos seres dependentes uns dos outros. A comunicação é o elo indispensável à sobrevivência.

Entre todos os mamíferos, os humanos são aqueles que demoraram mais tempo para conseguir se manter de pé, andar, se alimentar por si. Precisamos de pelo menos três anos até podermos nos expressar e nos defender minimamente. Até então, estamos completamente à mercê de outros seres, mais velhos, mais fortes, adultos.

Destruir as barreiras invisíveis, herdadas de um passado comum de um povo, de uma comunidade, e mesmo de uma família e definidas em estruturas organizacionais ou corporativas baseadas no medo, é uma empreitada ambiciosa. Mas negar a existência dela impede que sejam removidas.

No tatame, como na vida, também aí a luta é pela pacificação do ego, pela superação do medo e da ignorância que nos afasta da outra pessoa e pode nos isolar na agressividade e na violência.

Em silêncio, cada pessoa se define como sendo melhor, e em segredo se mede em relação às outras. E o movimento de corpo não deixa isso escondido. A arrogância e a timidez estão nos braços, nas pernas, nos ombros, na cabeça. E nos gestos que buscam e afastam o outro.

O exercício de harmonia é tentar desenvolver a consciência da natureza Musubi intrínseca ao ser humano. Da sua capacidade de se juntar de fato. Não é fácil, porque a dificuldade é criada automaticamente em cada qual, descrente da possibilidade de ser também incluída no afeto do outro.

Motomichi Anno-Sensei mostra nos movimentos a possibilidade de comunhão. Em primeiro lugar, as pessoas devem buscar o mesmo destino, o mesmo lugar. Compartilham a intenção.

Você não vai embarcar no ônibus que vai para um local para onde não quer ir. Não será possível uma conexão estável se o aparelho tem voltagem de 110 volts e a corrente elétrica é de 220 volts; ligado nessa tomada, queimará.

Nas organizações, uma mensagem transmitida entre os diversos níveis hierárquicos pode se perder ou ser mal compreendida. Cada "chefe", ao passar as instruções ou recomendações, coloca um pouco do seu sentimento, dos seus interesses, interpretação e necessidades quando as reproduz.

A brincadeira do telefone sem fio ilustra a situação. Quando se confere o que foi falado no início da fila dos participantes, o que foi dito no começo e aquilo que finalmente chegou ao último ouvido, há distorção, ainda que a intenção seja a de preservar a mensagem original. Nem todos os canais estão em boas condições.

A linguagem do Aikidô é a expressão da harmonia que pode ser obtida por meio do que universalmente nos conecta como fonte de vitalidade: gratidão, amor, alegria, simplicidade e naturalidade.

— Não é porque estamos próximos que estamos juntos, nem que estamos separados se estivermos distantes.

Quando praticamos o Aikidô, devemos nos unir com o parceiro que está perto de nós e com aquelas pessoas que estão longe, a milhares de quilômetros. É preciso reunir a todos. Quando fazemos assim, criamos a grande família da humanidade, reflete Anno-Sensei.

E ele usa imagens:

— O sol e lua estão distantes, mas nós os sentimos perto, em nós.

O desafio é não começar pelas diferenças, pelas arestas, valorizando o ataque, a discórdia. O movimento circular com que as técnicas devem ser executadas descreve o vazio do ego; não tem um ponto de começo e não tem fim. Portanto, o outro e eu realizamos o encontro, o musubi.

O círculo é uma forma sem ângulos, sem quinas. Incorpora um primeiro gesto, qualquer que seja, e, na recepção, o trajeto é redesenhado e ampliado, mudando o seu significado.

O ataque pode ser acolhido como a uma tentativa de abraçar. O coro irritado da criança, a birra exasperante do adolescente, a negação ruidosa do jovem, a arrogância desnorteante do adulto podem ser – e muitas vezes são – uma forma de tentar a proximidade.

Somos todos, seres humanos, feitos do mesmo barro. Mas nem sempre possuímos o mesmo tempo de cozimento. É natural, porém, que o musubi não seja possível, embora ideal, – nem dentro e nem fora do tatame.

O desafio de sustentar uma conexão para realizar a comunhão é muitas vezes frustrado, o musubi é uma realidade reconhecida por Anno-Sensei.

— É difícil acolher quando nos sentimos atacados e manter o sentimento de gratidão. Para isso, praticamos treinamos e treinamos. Já é difícil integrar a si, imagina com o outro, diz sorrindo o mestre.

Desistir do treino não é uma opção. Redescobrir, redimensionar e fortalecer a energia interna é um dos efeitos do treino.

• • •

7

DO VAZIO SURGE A FORMA

Energia é aquilo que produz trabalho, ação, movimento, resultado.

Muitas vezes, o entendimento sobre o que é energia vem classificado como algo que é positivo, quando se trata especialmente do treino de Aikidô, "usar a energia" versus "usar a força", como se fossem coisas mutuamente excludentes.

Na força tem energia – a energia muscular; no kokyu tem a energia mobilizada pela respiração. Uma pessoa leve, alegre, tem uma energia "boa"; alguém "pra baixo", mal-humorada, tem a "energia ruim".

Portanto, tudo é energia. E isso está na equação de Einstein. No jargão das artes marciais, no Aikidô, a energia é chamada de ki. E o que vem junto com harmonia, logo é a energia da harmonia – do amor, do musubi – que faz o do, o caminho. Pelo menos é assim que fala Anno-Sensei, para quem o grande desafio dos mais de 60 anos dedicados à arte é "conhecer a energia do O'Sensei".

É verdade que cada tipo de energia mobiliza um tipo de emoção, ou está relacionada a ela. Não se pode dizer que a raiva não venha carregada de energia, que o medo também não se expresse pela energia, pelo ki específico que contém.

O treinamento é para mobilizar uma determinada qualidade de energia cuja potência é irresistível, sendo a mais poderosa, aquela que preserva a vida. O grande pesquisador Antonio Damásio[19] descreve o complexo mecanismo que o organismo humano desenvolveu para manter a homeostase – o equilíbrio que assegura o bem-estar e a continuidade da vida. Todo o esforço da natureza é na direção de manter a vida.

A respiração é a sentinela da vitalidade, é o primeiro sinal do corpo aflito ou mobilizado por uma emoção. Podemos recorrer a ela para apoiar na expansão e expressão da energia, do ki. No estado de calma, a energia ajusta o seu fluxo e orienta os movimentos na direção da nossa preservação e fortalecimento.

Permitir que o ki que se manifeste significa encarar as tensões, em especial os medos que constrangem e reduzem o oxigênio que colocamos dentro do corpo, e retém o gás carbônico.

Estamos sempre utilizando alguma energia para viver. E ao nos conectar com as pessoas, o contato é feito inicialmente no nível de energia: gostar, não gostar, ficar indiferente. O tipo de energia define atitudes. Tanto mais nossa ação será irrefletida e automática quanto menos consciente estamos do que é essa "faísca" inicial, a energia.

Cada sentimento possui um tipo diferente de ki, explica Anno-Sensei. O nosso propósito é produzir um ki positivo. A gratidão e a honestidade são muito importantes para que isso aconteça.

Um tipo de atitude deliberada associada à condição do corpo vai produzir uma energia.

19 DAMÁSIO, Antônio. **A estranha ordem das coisas:** As origens biológicas dos sentimentos e da cultura. São Paulo: Companhia das Letras, 2018.

Kanji nº 4: Sinceridade divina.

Caligrafia e significado cedidos por Anno-Sensei à autora, com tradução de Takashi O-ta.

Perguntar a si mesma o que sente enquanto realiza a prática – em qualquer posição – de atacante ou de receptor do ataque – é ficar presente no treino. Aumenta a consciência de onde se está, sem intelectualizar ou ditar pelo pensamento o passo a passo do movimento. É a experiência da liberdade; ser conduzida pela naturalidade.

A falta de consciência do que sentimos sequestra a percepção. E a imaginação sem presença, turva a realidade.

Estava congelada. A minha experiência era de medo. Tinha aprendido a lição da atenção e tentava me manter presente. A minha imaginação substituía a realidade pela fantasia de que estava diante de uma autoridade cobradora.

Não conseguia acompanhar Ueno-San. Ele mostrava a técnica, conduzindo o treino com rigor. Eu tentava reproduzir o movimento, mas ia na direção contrária.

Ueno-San era então, no meu olhar, um chefe cobrando desempenho. Um personagem, criado por mim, atrelado à postura séria dele, mas que era apenas a sua maneira de expressar a própria personalidade. Mas o medo colocava nele uma aura de autoridade castradora.

Ueno-San se incomodou com a minha dificuldade. Chamou-me a atenção. Senti o corpo esfriar por dentro e o suor por fora. Sentia ter uma trava segurando não apenas as minhas juntas, mas também era uma venda me impossibilitando de enxergar. Sinto pânico e confirmo o *script* pelo qual eu me descrevia: incapaz, inábil... aquilo não era para mim.

A presença do instrutor era apenas um pretexto para reforçar o que já sabia. E a minha incapacidade de fazer a técnica era o atestado de uma história muito repetida: não tinha merecimento – talento – para me expressar com graça e beleza na arte que amava.

Trocar a autodescrição negativa exige mudança de perspectiva em relação a si própria. Olhar para si mesma, de um ponto de vista diferente, e achar o ângulo que permite ver qualidades e virtudes pede o nosso rompimento com as leituras descuidadas feitas por pessoas que amamos, – família, amigos, professores – os quais, em algum momento, nos carimbaram como incapazes, ou como alguém aquém das medidas para um sucesso.

É necessário abandonar a vitimização, pois ela dá às outras pessoas o poder de nos classificar e isso dificulta o nosso acesso a nós mesmos, a nós mesmas, para sermos quem somos.

Respirar e se conectar com o centro, sem julgamento. Respire mais, jogando o ar para a sola dos pés e recebendo o contato com a terra – acolhedora e estável – e deixar-se guiar pelo céu, pelo espaço aberto, sem tentar. Conectar-se com a própria alegria, no instante presente, sem projetar fracassos ou glórias. Desfrutar! E sorrir para a outra pessoa. Assim surge o momento, natural e belo!

Naquela manhã, Anno-Sensei pediu a cada aluno e aluna para que, ao fazer a técnica, dissesse em voz alta uma palavra que identificasse um sentimento positivo: Gratidão! Amor! Alegria...

Aprendíamos a como reconhecer na outra pessoa um suporte para encontrarmos o melhor em nós, e a técnica fluía. No rosto de cada pessoa aparecia espontaneamente um sorriso. E, se porventura deixássemos de falar, Anno-Sensei estimulava com entusiasmo:

— Gratidão! Obrigado!

— A palavra dita em voz alta – dizia – abre espaço para o sentimento se fortalecer.

Rimos muito da invenção dele, mas nos sentimos livres para aprender e para mostrar o que estávamos aprendendo. A cada lembrança daquele treino vem um sorriso.

E dias depois foi possível colocar em prática o poder do sentimento.

O jovem de 15 anos, de óculos, um pouco desengonçado pelo crescimento rápido próprio da adolescência, pegou o meu braço estendido para fazer o Tai no henko – exercício com o qual, geralmente, começamos a prática no tatame. O tai no henko é um movimento de pivô do corpo. A palavra japonesa henko também é traduzida como uma mudança transformadora na qual não há possibilidade de retorno ao estado inicial.

Uma pessoa estende um dos braços com a mesma perna ligeiramente à frente; o seu punho é segurado pelo uke e então ela realiza um movimento semicircular de 180 graus, levando junto quem a prende.

É o passo inicial para se aprender a tirar a força, de puxar. Se a pessoa que agarra é muito forte, pouco adianta colocar mais força. Tem a forma adequada de se posicionar as mãos, os pés e a direção para onde vai.

— Olga-San, seu aluno fez muito bem o Tai no Henko! Você ensinou muito bem.

Eu estava orgulhosa, vaidosa do resultado daqueles 20 minutos de treino com o jovem. Tinha aprendido alguns detalhes de como fazer, uma semana antes com Togawa-Sensei. Desde o início mostrei para o garoto as dicas – da posição dos pés, à flexão das mãos, e a virada do corpo. Uma a uma, calmamente, vagarosamente. E não funcionou!

Instintivamente, comecei a encenar com alegria aquelas mesmas orientações, mostrando o efeito do movimento – para onde ia – embalada pela vontade de o menino aprender. Nós dois nos divertíamos muito! Ele fazia e fazia, cada vez melhor. Cada correção era comemorada. Ele, em pouco tempo, absorveu o movimento como eu mostrava e fazia!

Ficamos muito felizes com o resultado. Nós nos aplaudíamos contentes por penetrar num pequeno segredo do corpo. A mão é colocada na direção do centro do abdômen, e isso mantém nosso foco e nos faz sentir leves e relaxados.

O que funcionava para mim, funcionava para o jovem. A técnica precisava chegar num sentimento de conexão profunda – ainda que momentânea, e surgida espontaneamente no desejo de a outra pessoa experimentar o que eu estava vivendo – e não apenas pela necessidade de que aprendesse a técnica. O sentimento de compartilhar e se alegrar junto!

Aprendia que o sentimento mobiliza o corpo, superar os limites da técnica nos permite entrar no espaço da beleza e da naturalidade. Um desafio diante dos freios internos que nos encarceram. Eles podem ser autoimpostos, se adotamos a identidade definida em um *script* que nos descreve, pelas nossas insuficiências e limites. Repetido muitas vezes, falados e escutados desde a infância, cristalizam em nós uma imagem limitante.

Os limites artificiais de julgamentos negativos, se incorporados, são uma barreira que bloqueia o acesso à visão de quem somos, do que podemos. A estreiteza do olhar sobre nós mesmos impede a aceitação do nosso talento e de receber o que pode ser grandioso, impensável, todas as possibilidades.

Também experimentei isso.

Na comunicação, isso cria o discurso defensivo, e enxerga no diferente o inimigo.

• • •

Temos que responder aos ataques em shomen uchi – quando uma pessoa vai na direção da outra como se a estivesse golpeando com uma espada, cortando-a ao meio, a partir do alto da cabeça. É um ataque clássico no Aikidô e repete os gestos do Iaidô – a arte da espada, tradição das artes marciais japonesas.

São muitas repetições. O trabalho é desenvolvido em pares, em silêncio, que se quebra apenas pela orientação de Anno-Sensei para a troca de parceiros. Ele define o que quer de nós:

— Um movimento consciente de harmonização com a outra pessoa.

A amplitude do movimento – grande – o olhar para o alto e para um ponto distante como se houvesse alguém vindo de outra direção, de longe, mantendo-se o contato com quem se treina. Anno-Sensei diria:

— É olhar e não olhar. O outro está aí, e não está.

Esse tipo de raciocínio que intriga como os Koan do Zen, ressoa no espírito e confunde a cabeça...

— É preciso muitos anos de treino para se conseguir. Vocês podem continuar estudando isso... diz Anno-Sensei, com um sorriso maroto de quem sabe o tamanho da tarefa e a imensa dificuldade em realizá-la.

A aula é essencialmente aérea, com projeções, ou seja, com pessoas sendo jogadas, utilizando-se o kokyu (respiração) em velocidades que variam segundo o espaço que cada par consegue dentro do tatame cheio.

Ao final da aula, rotineiramente, Anno-Sensei joga cada aluno que cai, 6, 7, 10 vezes, com ele no centro do tatame, sem tocar praticamente a pessoa que se sente atraída por uma energia alegre e calma. "Yochio! Yochio!" – fala quase como se estivesse cantarolando enquanto voamos no tatame.

Não há resistência possível à direção do movimento de Anno-Sensei, que suga cada praticante para um círculo de energia em que ele se mantém estável no centro. Por causa das suas limitações de mobilidade, com quadril comprometido, aos 92 anos, ensina que a nossa vitalidade, compartilhada com alegria, não pode ser ignorada.

Portanto, a escolha eficaz na maneira de reduzir a resistência de outra pessoa, depende da nossa própria estabilidade, e a partir daí vamos identificar as aberturas para agir.

Depois de duas horas caindo e nos levantando, cada uma de nós mostra uma cara feliz. A sensação de vitalidade, de alegria e de gratidão pelo treino.

A técnica, o kata, aparece naturalmente, espontaneamente. Em Aikidô, isso é chamado de Takemussu Aiki. Isso não significa que os movimentos não tenham qualidades específicas, o que eles não possuem são uma forma única. A eficácia obedece a princípios, mas não a um detalhamento definitivo.

O kata ao ser executado é a continuação do movimento do uke – do ataque, não o seu bloqueio. Quando há uma tentativa de corte no ataque, esse se fortalece. É física simples. O que acontece na aplicação do golpe é o redirecionamento do ataque, realizando-se o desenho de círculo. O parceiro não é confrontado pelo nague – quem realiza o golpe –, é convidado a uma nova posição.

— Quando eu comecei no Aikidô, me diziam que havia milhares de técnicas. Eu não acreditava, porque via sempre as mesmas. Agora, vejo que há mais de milhares de milhares... fala Anno-Sensei.

A fala parece esotérica, mas é apenas um ensinamento prático.

— Estamos em movimentos circulares, em esféricos desde o início dos tempos! O sol, a lua, o universo fazem essa trajetória, continua ele.

Anno-Sensei faz recomendações técnicas:

— Atacar rápido e forte é bom porque faz sentir bem a direção. Quando é fraco, é ruim, porque não se sabe para onde vai. Na verdade, o rápido e o devagar são a mesma coisa, mas experimentamos de maneira diferente.

O pequeno e o grande são o mesmo, o que muda é a experiência.

Ele pede simplicidade e naturalidade na prática do Aikidô.

E segue pedindo para que os estudantes olhem para si, para a postura, e arredondem o movimento.

O fundamental, a exigência do treino, é ficar no presente. Tudo é igual, e diferente, mas igual.

O dogmatismo na definição do certo e do errado cria manuais, cartilhas para gerar uma sensação de controle e de segurança. O que irá definir o funcionamento de uma técnica é a sua utilização com os ajustes adequados ao contexto e às pessoas envolvidas.

Qualquer tentativa de padronizar gera rigidez, medo de errar e inibe a criatividade.

Haverá sempre os especialistas com respostas na ponta da língua para várias situações. Mas a eficácia depende do momento.

Confiar no Takemussu é essencial, por isso o treino continuado é necessário – não para aprender "novas técnicas", mas para aprender a ler os sinais em si, na outra pessoa e nas circunstâncias. As técnicas são recursos para o treino, não são o treino.

O que há de permanente na aplicação dos kata – e fora do tatame, são a postura, o centro e a distância. Com que intenção nos colocamos diante da outra pessoa, o que nos motiva e o claro entendimento do lugar que ocupamos na relação são elementos essenciais para serem compreendidos antes de tentar panaceias.

— Eu não sou uma pessoa de grande formação intelectual. Eu não tenho grandes habilidades técnicas. Algumas pessoas estudam detalhes, fazem pesquisas esotéricas das falas de O'Sensei reflete Anno-Sensei, que continua:

— Pratico o Aikidô procurando sentir o que O'Sensei dizia, buscando estar atento ao que estou atento, de quão extensa é a minha atenção; saber o que está sabendo.

A atenção consciente e ampla que Anno-Sensei define como um dos pontos importantes eu experimentei quando ele me corrigiu mais uma vez.

— Fique com foco no seu centro, mantendo as suas mãos à sua frente. Devagar, com atenção!

A instrução dada não era diferente daquela que tantas vezes, em tantos anos eu teria ouvido de outros professores nos treinos. A maneira como ele dizia, porém, – usando os sons mágicos do kotodama,[20] fazia a diferença e me causava impacto, além de aumentar a percepção do que estava fazendo.

A delicadeza dele facilitava com que o sentido das palavras fosse rapidamente absorvido pelo meu corpo. — So So So!, repetia ele sorrindo quanto mais vezes eu mostrava que tinha aprendido a lição. Manter a consciência alerta significa integrar à técnica o musubi – a conexão com o parceiro de treino de tal maneira que os dois se tornem um.

— Há pessoas que são intelectuais... já eu, sou um bobo. O'Sensei dizia que era preciso ser um bobo para aprender Aikidô.

Nesse momento, Linda Holiday nos socorre com explicações sobre o sentido da expressão usada pelo Sensei.

— Ele quer dizer ser simples, sem complicação. Não podemos chamar os outros de bobos, isso pode ofender.

20 O kotodama é um conceito dentro do xintoísmo, que faz parte da religião Omoto, segundo o qual as vibrações primordiais (sons ou vibrações) dão origem ao Hachiriki, que significa oito poderes: movimento, quietude, coagulação, dissolução, tensão, relaxamento, aglutinação e separação. As vibrações obtidas com a emissão de cada letra vogal possuem um valor intrínseco capaz de influenciar a realidade física.
Takemusu Aiki – Lectures of Morihei Ueshiba, Founder of Aikido. **Aikido Journal**, 07 Abr. 2005. Disponível em: Acesso em 10. Out. 2023. https://Aikidôjôurnal.com/2005/04/07/takemusu-aiki-lectures-of-morihei-ueshiba-founder-of-Aikidô-1/.

Nós rimos e entendemos que Anno-Sensei nem era tolo, bobo ou desprovido de recursos intelectuais. A mensagem dele era que o excesso de explicações não ajuda a praticar Aikidô; o coração tem as respostas; como o rio corre para o mar.

Do vazio do ego surge a forma. No contato com a outra pessoa a conexão acontece pelo caminho do coração, aí é possível se estabelecer a troca pela comunicação. Sentimentos negativos – arrogância, raiva – mesmo que se tentem ocultá-los, aparecem e bloqueiam a interação.

O ponto a partir do qual podemos perceber como e onde estamos é a respiração.

8

RESPIRAR CRIA EMOÇÕES

Saímos todos juntos para o café da manhã. Do Dojô ao local da refeição são menos de dez minutos de carro. O café é uma das opções mais populares na cidade. Próximo à estação de trem, possui um cardápio fixo para o desjejum: ovo frito em torrada, salada de repolho cru, tomate, café longo à moda americana, leite, chá, suco de laranja. Estamos com fome.

Anno-Sensei está à vontade. Juerg Steiner e Linda Holiday nos traduzem as recomendações dele.

— Todo movimento é feito com a respiração.

E o que pensamos a respeito? Difícil dizer. Só fazendo.

No treino daquela manhã, ele pede que eu refaça várias vezes um dos kata básicos. Quer que eu faça grande o movimento e junte a isso o ritmo da respiração.

Mostra como devo ampliar conduzindo a parceira de treino que acompanha sem dificuldade quando a nossa respiração – a inspiração acontece simultaneamente – isso **Suuu**, – o som que leva o ar para dentro do corpo, numa referência à energia do kotodama, que impregna a respiração e as palavras, segundo o xintó. Para terminar o movimento, a expiração – **Raku** – também deve acontecer junto com a parceira.

A unidade nas várias fases da técnica acontece pelo inspirar e expirar num continuum comum, compartilhado.

É uma prática difícil: manter alinhada à nossa própria respiração com a respiração da outra pessoa sem perder o centro e o movimento. É necessário conexão e unidade com a pessoa, na qual nada pode interferir. Uma distração, um pensamento, e perde-se o musubi.

O ritmo de como as coisas acontecem, tanto o uke – que recebe a técnica – como o nague, que realiza o kata, são uma coisa só. Os praticantes estão juntos, no mesmo inspirar e expirar.

A dificuldade em manter o contato quando há divergência é um dos desafios da comunicação. Geralmente aí, a troca bloqueia. Automaticamente sobem muros que criam as barreiras cognitivas, cada qual olhando numa direção.

As falas são usadas para interromper a escuta. Enquanto uma pessoa fala, a outra fantasia, se distancia, rotula, analisa, critica, julga e junta silenciosamente argumentos para, sem escutar o que foi dito, falar. Cada qual está num inspirar e num expirar diferente.

É fácil sentir a aceleração, o encurtamento do ar, como tampões ao que a outra pessoa tem a dizer. A pausa é sequestrada rapidamente não para apreciar o que está sendo dito, mas para tentar impor uma certeza.

No dia a dia, é a impaciência na espera na fila do caixa em que a jovem ainda está em treinamento... a buzina insistente quando o farol acaba de abrir e o motorista do carro da frente ainda não engatou a partida... as explicações repetidas em tom displicente pela ignorância involuntária.

O kokyu-ho é o exercício de respiração. Pela repetição consciente do inspirar e do expirar não apenas acalmamos a mente como podemos perceber as nossas emoções. Podemos perceber os pontos de tensão no nosso corpo, a rigidez nas articulações, o desconforto no pescoço, nos ombros – os mais comuns – e o estado de relaxamento.

Pela respiração podemos alcançar o relaxamento. A entrada e saída do ar podem ser utilizadas para direcionar a atenção para pontos do corpo que são observados. Quando isso acontece, o peso que contrai o local é orientado para baixo, para o chão. Relaxar é jogar o peso que tensiona a parte superior do corpo para baixo, para a sola dos pés, entregando-o ao chão.

Nas tradições budistas são numerosos os tipos de meditação que observam a respiração. Não há uma prescrição que pretenda ser a panaceia. Tampouco é uma receita religiosa; é um treinamento de autoconsciência. O interessante é ter na respiração uma âncora para ajudar na auto-observação: como estou respirando?

Imagine uma reunião em que a sua ideia está sendo debatida e não parece estar convencendo que é a melhor solução para o problema que vocês estão discutindo. Veja como é difícil escutar e o que acontece com você nesse momento. Note que começa a sentir inquietação, quer interromper quem está falando – "a pessoa não entendeu", "está contra mim" – "não aceita mudar"... são os bloqueios da escuta que aparecem cada vez que paramos de escutar. O ritmo da respiração é a nossa sentinela.

Foque na escuta ao mesmo tempo em que observa a sua respiração. Assim como no tatame: não ignore o ataque, não resista ao golpe, siga com o movimento até que ele se esvazie. Se bloquear, fortalece. Respire junto, não use respostas automáticas.

Atenção relaxada à respiração é a atenção à própria vida, às escolhas.

— O desafio é seguir polindo o nosso espírito a partir do espírito original, natural, que nos foi dado pelos nossos pais no nosso nascimento. Nossos pais nos deram o espírito do universo e nós fazemos as escolhas; a maneira como vamos viver, como trazer alegria para o outro.

E segue:

— O'Sensei teve muitas dificuldades na vida, muitos sofrimentos, mesmo assim trouxe muita alegria para as pessoas. Independente de detalhes, é bom estar vivo e vivendo em benefício dos outros.

E conta um evento recente. Foi a um viveiro de plantas e comprou mudas. Quando as estava plantando, sua esposa o questionou sobre por que plantava – afinal não veria as plantas crescerem, pois estava com 92 anos de idade... e ele:

— Alguém vai se beneficiar, algum animal vai gostar de ter essas plantas... Eu estava apenas com vontade de plantar. Se a gente quer que algo cresça é preciso plantar a semente. A gente escolhe que semente plantar.

Anno-Sensei, com a fala mansa e cadenciada, vai reforçando com naturalidade a sua visão da vida através dos ensinamentos do Aikidô, e reconhece que há dificuldades para encontrar pessoas que estejam dispostas a escutar, a respirar junto.

— Nem sempre a gente consegue conversar essas coisas com muitas pessoas; mesmo com a família. Mas quando sinto que há interesse – e eu fico muito tocado com isso – vocês vindo de tão longe para aprender – eu falo essas coisas. É como penso, mas pode ser diferente disso, diz deixando a porta aberta para seguir descobrindo.

A comunicação entre pessoas que possuem diferentes origens e experiências exige a humildade de se procurar outras perspectivas, com referências que podem ser estranhas. Mas estar aberto a essas possibilidades oferece a oportunidade de troca em que rompemos o próprio casulo.

Linda Sensei menciona a facilidade com que Anno-Sensei nos últimos anos vem demonstrando em conversar com pessoas de várias nacionalidades. Algo que surpreende, na cultura japonesa, de comportamento mais reservado – quando comparada ao Ocidente – e que se abriu para o estrangeiro há apenas algumas décadas. Mesmo no atual Japão moderno, as tradições, os valores milenares, conservadores que balizam as relações familiares, por exemplo, são parte da identidade nacional e estão profundamente arraigados no caráter do povo.

Anno-Sensei sorrindo busca na memória uma história em que o Fundador do Aikidô parecia ter enxergado o momento de abertura aos gaijin (estrangeiros).

— Há muito tempo, pelo ano de 1954 (logo após a abertura do Kumano Juku Dojô em Shingu, construído por orientação de Morihei Ueshiba) O'Sensei chamou os professores e os alunos e disse que viriam muitas pessoas de outros países aprender Aikidô em Shingu e que todos deviam estudar inglês.

—Foi uma coisa muito estranha, porque todos se perguntavam – inclusive Hickitsuchi Sensei (professor de Anno-Sensei e amigo do Fundador, responsável pelo novo Dojô) quem viria para Shingu, um lugar tão remoto?!

Hickitsushi Sensei seguiu a orientação do Fundador e começou um curso de inglês no Dojô. Isso durou três meses, porque ninguém acreditava que alguém iria até Shingu aprender Aikidô – e Anno-Sensei ria, lembrando que a profecia tinha sido cumprida.

A conversa seguia na mesa de café da manhã. Entre nós – seis alunos, mais Anno-Sensei e a Linda Holiday dividíamos sanduiches de ovo, café, torrada com geleia. Uma refeição típica depois da aula de quase duas horas que terminou com a entrega de manuscritos de shodo feitas pelo Anno-Sensei em que cada um de nós escolhe entre dezenas de escritos, aquele pelo qual sente atração imediata.

— Esse significa sinceridade com as outras pessoas, no uso da palavra. É uma maneira simples de fazer a harmonia – explica Anno-Sensei.

Uma sincronicidade com a minha vocação profissional, o Aiki – como jornalista e escritora.

— Todos estão interligados, – os diversos shodo – tem a luz, a luminosidade do sol, tem a sinceridade em outra forma, a harmonia, o amor, tudo isso é musubi, a união que nos faz a todos apoiarmos a existência uns dos outros.

E sentencia:

— Aikidô é a experiência de estar vivo com gratidão, respirando! Olhos no horizonte!

• • •

Resigno-me com o nada a fazer, sentada, em tentativa de meditação. O tempo escorre lentamente. Uma hora poderia ter se passado desde que parei, querendo me acalmar. Foram alguns minutos. Não há motivos para aflição. Fome? Não tenho, cansaço? Também não. Prazos de entrega... pilhas de afazeres, listas de obrigações... não.

Estou refém de hábitos que perderam o sentido. Quase como um vício. Desafio o tempo ignorando-o. Ocupada, o tempo é escravo a meu serviço. Agora, no silêncio é o senhor, o amo.

É a espera.

Nada a fazer. Rever o sentido do tempo, não como a espera por algo, mas como uma experiência decisiva de ficar presente.

O tempo da angústia se parece com o tempo da ansiedade. Cheio de medos. E é viscoso. Quanto mais nos mexemos, mais nos prende no ritmo que determina.

Ando de um lado para o outro no quarto, impaciente. Tento adivinhar o que está atrás do prédio onde estou, uma distração para apagar o paredão bege do mercado em frente. Só consigo enxergar o ócio culpado pelas horas passando sem cobranças de fazer. Tenho o vício de fazer e ele me define.

Se a gente estabelece um ponto a partir do qual nos enxergamos – a nossa perspectiva – tudo parece circundá-lo. Onde fixamos o olhar estabelecemos o limite do que podemos ver. Sabemos sobre os gorilas invisíveis. O desafio é ver todos os gorilas. Vemos aqueles que escolhemos enxergar.

Mas, qual o melhor, o ponto de atenção desejável?

— Se você não se antecipar ao ataque ficará preso nele!

— Ser mais rápido que o relâmpago!

— Ter a noção precisa do encadeamento das coisas e permanecer fluindo, sem se surpreender.

As orientações são feitas por meio de diversas frases, o sentido é o mesmo. Descreve a estratégia possível para lidar com crises.

Katsuhayashi – "emitir o ki – a energia – sem hesitar e controlar o adversário. A verdadeira vitória *é a* vitória sobre si mesmo e como um raio, num instante realizar o golpe de mestre", descreve Anno-Sensei.

A antecipação não é um ato de tentativa de controle; é o reconhecimento da realidade que vem embutida na intenção apenas esboçada na mente da outra pessoa. Isso acontece quando estamos verdadeiramente presentes.

A cultura não heroica oriental ensina a leitura dos acontecimentos pelo respeito e entendimento aos ciclos da natureza que avisam sobre o momento seguinte. Tentar controlar a evolução inexorável é um desperdício. E a prática do Aikidô ensina que o desperdício é fatal, como é mortal tentar conter o incontrolável.

Observo as minhas mãos. Tenho as veias saltadas. Ficam mais feias agora na medida em que envelheço. Meus cabelos estão brancos há muitos anos. Tentei disfarçar a contagem dos aniversários usando tintura – não funcionou. Sofro de alergias. Aos químicos na pele o meu corpo diz: não! E eu concordo – por ausência de alternativa –, descubro modos e modas que vão esconder a velhice pelo vanguardismo, a coragem de expor os fios descoloridos. O corte estiloso confunde quem vem de longe: velhice ou uma escolha arrojada.

Criamos as fronteiras, os limites com o nosso olhar. Na foto do ancião: um velho... ou um sábio.

A mudança de perspectiva é parte do treino.

A pessoa que me segura forte, no punho, ou agarrando os meus ombros, me imobilizando pelas costas, fazendo um ataque sincero, vai limitar o meu movimento se eu focar minha atenção no ponto em que ela segura, sentindo-a como uma contenção.

O segredo é ampliar a visão. Ir para além do que provoca o incômodo e sem julgar a outra pessoa. Ao classificá-la como ameaçadora e potente, imediatamente ficamos refém dela.

Anno-Sensei pede que quando fazemos a técnica, não olhemos para a pessoa que nos ataca – o uke.

— Por que Sensei?

— Todos os professores me ensinaram assim. Quem está nos segurando já está... é preciso olhar para além, outras direções, ou ficamos aí, presos ao ataque.

Ao sair deliberadamente da área de tensão trazida pela outra pessoa, percebemos possibilidades; se permanecemos no ponto do ataque a resposta será apenas a tentativa de reagir à pressão. Não se trata de ignorar, mas de diluir o ataque. Em outras palavras, ficando presa ao problema criamos um círculo vicioso.

É conhecida a história da encomenda a pesquisadores para que produzissem uma caneta que os astronautas pudessem utilizar no espaço onde a gravidade impede que a tinta escorra para a ponta. Presos na ideia de uma caneta, os pesquisadores não chegavam a um resultado – precisariam revogar a lei da gravidade! Outros pesquisadores concorrentes, porém, encontraram a solução: ofereceram aos astronautas um lápis.

O foco é o desejo e não a ferramenta! Ficar presente vai mostrar novos recursos.

Quando queremos ter todas as respostas e antecipar todos os cenários ficamos presos na técnica, mas se nos perguntamos: o que queremos – teremos novas abordagens. Permitir-se ir além do conhecido abre possibilidades. A reciclagem surge a partir desse conceito, o de rever objetos e materiais além daquilo para o que foram incialmente concebidos. E as descobertas aparecem, como a aspirina desenvolvida para controlar a dor se tornou uma receita obrigatória na prevenção de trombos no sangue.

Sair do ponto fechado – melhorar a caneta – e ir para o sentido maior – a necessidade de registar por escrito – é sair de uma visão estreita.

Há muitas possibilidades para lidar com as diversas situações, e elas podem ser percebidas quando as coisas acontecem, não antes, e, se depois, isso é inócuo.

É necessário que não se descolar do que motiva e mobiliza.

Ao lento junta-se o rápido e inversamente, sucessivamente. Se o uke ataca com força e velocidade e colocarmos aí mais força e velocidade, acontece o infortúnio. A força vai transbordar contra mim mesma. É uma tentativa de anular o ataque, e não funciona.

Receber a força e a velocidade dentro do nosso limite, reconduzindo o movimento para uma nova direção é o não reagir. Aproveitar a intenção e o gesto para construir uma nova paisagem, não pela negação. Qualquer gesto pode ser expandido. *Como vento que expande abrimos e crescemos, como a montanha retemos e bloqueamos. Há momentos para a montanha, mas o espaço do vento é ilimitado.*

A naturalidade dos movimentos faz com que as articulações – no sentido físico e mental – aumentem a flexibilidade e concorram para a não-resistência, o que nos preserva e fortalece. Aceitar o ciclo. Do que ataca, como parte da construção das relações, e concorrer com alegria para novas construções, oferecendo e ampliando o gesto original.

— Todo omote vira ura, e ura vira omote! Ensina Anno-Sensei quando mostra que a forma de o nague entrar para responder o ataque – pela frente (omote) ou por trás (ura), afinal os dois terminam do jeito oposto àquele pelo qual iniciaram: cada gesto tem em si aquilo que aparentemente se opõe a ele.

Nascer, crescer, amadurecer, envelhecer e morrer. O ciclo da vida é a renovação pelo tempo, que substitui o velho pelo novo; o doente pelo saudável. Usar a passagem do tempo.

O que nos impede de alegrar com a passagem das estações? O desejo de que o tempo não passe.

Preciso lembrar a mim mesma e às pessoas às quais aconselho profissionalmente a contar até quatro antes de dar respostas a perguntas incômodas ou àquelas para as quais não se sintam preparadas para falar.

É possível, pela atenção ao ambiente, decodificar os sinais da preparação do golpe. O esvaziamento do ataque é antes que ele aconteça, quando nos alinhamos numa postura correta que permite o olhar amplo, no horizonte e o centro estável.

9

ESCOLHER CONFIAR

No tatame, muitas vezes aprendemos com pessoas com menos experiência do que com praticantes mais avançados. Aquelas pessoas reagem aos katas (como uke) de maneira natural, o corpo delas não obedece à forma de cair de uma técnica. Isso leva a situações novas às quais o nague (que aplica o golpe) precisa se adaptar.

Ensaiar uma resposta a uma situação, imaginando os cenários e tentando prever o comportamento das outras pessoas é um exercício importante para se familiarizar com o contexto. Entretanto, acreditar que é possível prever, em qualquer tipo de planejamento tudo o que pode acontecer é irrealista. Lidamos com o que sabemos e sobre como funcionamos e as informações disponíveis acerca da situação. E isso não quer dizer conhecer tudo.

Um dos aconselhamentos que recebemos de especialistas em segurança pública se, numa infelicidade, somos assaltados por alguém armado é: "não reaja!". A advertência é porque o assaltante poderá estar tanto ou mais nervoso que você e, caso se descontrole, poderá atirar. Ou seja, não utilize as suas habilidades de combate diante de uma situação com variáveis incontroláveis; aceite o acontecimento e se proteja, mas não tente dominar a outra pessoa ou criar instabilidade.

A frustração é inevitável quando se imagina poder prever e controlar os acontecimentos. Também é fonte de tensionamento quando se quer adivinhar o que se espera de nós, numa tentativa – repito – frustrante – de ser aceito ou adequado.

Em várias ocasiões eu me via perdida durante o recebimento de uma técnica, tentando atender o que nague espera que seja feito. O nague aplica o golpe e fico sem saber se o correto é cair para frente, para o lado, ou para trás.

Se a pessoa com quem estou treinando é uma ou um sensei – instrutor – ou outra com graduação superior à minha, não "quero fazer feio". Nesse instante, perco a naturalidade, os meus movimentos ficam travados. Ora, o corpo responde como se sente preparado ou estimulado.

— Não precisa cair.

Está bem, pensei. E me ajustei para não cair, ensinando o meu corpo a como ganhar estabilidade, sem resistir, no contato com o movimento do outro.

A adivinhação para criar uma resposta com a intenção de ser cooperativa e preservar a outra pessoa para que não se sinta mal diante dos outros, provoca estresse e tira a naturalidade e a conexão verdadeira com o parceiro de treino.

Cada pessoa envolvida numa relação tem a responsabilidade de expressar o seu desejo à outra. Assim, o estresse e as frustrações que alimentariam emoções negativas como raiva e ressentimento serão reduzidos. A maneira de expressar exige cuidado e respeito – na escolha das palavras e dos gestos.

Kanji nº 5: Amor divino.

Caligrafia e significado cedidos por Anno-Sensei à autora, com tradução de Takashi O-ta.

Os golpes que surgem e as respostas a eles se ancoram na qualidade e no foco de atenção. É essencial manter a conexão com o próprio centro, de onde flui o impulso que se manifesta no movimento àquilo que é buscado.

— É preciso fazer o Irimi (movimento de corpo em direção à outra pessoa) do amor, ficando junto da pessoa e agradecendo internamente por estar aí.

Aquela é uma instrução de Anno-Sensei para quem a beleza que impregna os movimentos são uma extensão dos sentimentos que os constrói. Apenas se ajustar para oferecer uma resposta a alguém, com o intuito único da autoproteção, é insuficiente.

O Irimi é ir numa direção com todo o corpo, coração e mente. Ter a clareza de si e da outra pessoa, mantendo o alinhamento – a postura interna e externa.

A espontaneidade – a beleza, a honestidade, a verdade – aparecem na conexão sem ambiguidade e dá substância para que os movimentos sejam executados com harmonia, sem conflito. Há diferenças, mas há energia para encontrar o que existe em comum.

O instante que se segue ao Irimi – a entrada, é o círculo – o Tenkan, juntar-se sem pontas, arestas, abrindo uma outra perspectiva. A nova paisagem deve ser uma visão compartilhada e recebida, não imposta.

Uma ideia para ser colocada em prática e que dependa da colaboração de terceiros, exige o engajamento e este surge a partir da forma como cada qual se aproxima e pede. A adesão começa com o respeito à escuta e a delicadeza do comportamento. À tentativa de impor haverá resistência. À suavidade, adesão.

Lembrar que no plantio, no início, no minúsculo, já existe o potencial para uma nova paisagem: na semente, a flor.

• • •

A pequena Shingu se esconde quieta quando o dia escurece em noite.

Eu me sinto atordoada. O meu corpo não sabe se amanhece ou se anoitece, pura tensão para uma aventura mínima. A minha cabeça está confusa, à espera do que se seguirá. Vou pegar, pela primeira vez, um táxi até o dojô.

A barreira do idioma – não falo japonês – faz de mim uma ouvinte que busca o sentido do que é falado pelo tom e pelas expressões de corpo e de rosto. — Isso é bom, isso é perigoso. São adivinhações feitas pelo corpo, as sensações causadas pelas falas. Mas dúvidas precisam mesmo ser esclarecidas pelas traduções de Linda Holiday e de Juerg Steiner. Agora estou sem os dois. Meu desafio mais imediato é o de me comunicar com o motorista que está me levando para o Funada Dojô.

Não confio na minha habilidade em achar rotas no escuro, mas me aventuro a confiar no profissionalismo do motorista de táxi. O carro é reservado para mim pela *hostess* do meu hostel, que também informa ao taxista o endereço de destino.

O motorista se perde e eu junto. Está tão escuro que apenas a intuição pode apontar a direção. É tão perto – pouco mais de três quilômetros de onde me hospedo – mas experimento a sensação de estar muito distante, isso acontece quando me sinto perdida; a experiência da ignorância.

Os calafrios internos surgem no corpo pela sensação de não saber onde estou. Eu me apego ao que aprendi sobre o Japão e em especial sobre Shingu, quanto a índole pacífica, não violenta das pessoas. Isso afasta o medo de ser abduzida! E as primeiras luzes saltando na escuridão, logo à minha esquerda, me dão alívio. Eu as reconheço.

Por um caminho diferente, chegamos.

À noite, o treino é conduzido por Togawa Sensei. Um homem com cerca de 50 e tantos anos, estatura baixa para os padrões ocidentais, alto para os japoneses, moreno, mais escuro do que a média da população local; uma barriga que salta o obi – cinto do hakama – olhos escuros como amêndoas, abertos e sorridentes. Aí, além dos alunos da manhã – exceto Juerg Sensei – está uma aluna japonesa. Somos cinco no tatame.

A instrução central de Togawa Sensei é expandir, derivar em diferentes katas – golpes – a partir do movimento Torifume (o exercício de representar um remador em mar aberto conduzindo um barco japonês navegando sobre as ondas do mar celeste).

Do gesto individual feito no início, a sequência agora é fazer em parceira, o Torifume com o colega. De uma dança solo para um bolero. Quando isso acontece – do individual para uma execução em duplas – o movimento básico se estende em novas formas e técnicas. Compreende-se aí que é possível enxergar na semente, a flor.

A partir do Tori fume undo é feito o Irimi Nague (movimentar o parceiro entrando pelas costas dele) e todos os outros golpes iniciais do Aikidô. O treino exige muita concentração, porque as técnicas são pedidas enquanto ainda fazemos uma outra. É preciso mudar, sem ser brusco, sem falar. A concentração no treino deve ser total.

Primeiro Togawa Sensei faz um Ryo te kubi tori: o uke – quem vai receber a técnica – segura com as duas mãos os dois punhos estendidos do colega. O nague – quem aplica a técnica – aproveita o contato e segue fazendo os gestos de quem rema o barco no qual o parceiro se torna passageiro. Depois de navegarem juntos por algumas vezes, Togawa Sensei diligentemente se vira em 180 graus, ficando agora às costas da outra pessoa e aplica um golpe levando o parceiro gentilmente ao chão.

Assim que nos acostumamos com uma forma de agir, lá vem outra sem aviso.

Cada gesto acontece com leveza no tom de voz. O rosto de Togawa Sensei é de quem está simplesmente adorando treinar! E a alegria serena dele enche o Dojô. O objetivo não é derrubar o colega. Mas, este cai, com a ajuda da técnica aplicada, contente de ir ao chão.

A simplicidade dos movimentos realizados, esconde filigranas. Ele mostra os detalhes dos pés, a abertura ao lado do parceiro quando se entra em ura (pelas costas). Improvisando algumas palavras em inglês – ninguém naquela aula fala japonês, exceto dois alunos locais –, vai apontando onde devemos pisar, para onde levar os pés, as mãos.

Desdobra a técnica, como um novo origami: virar as palmas das mãos, redirecionar os pés, mover os quadris, definir onde se quer chegar antes de projetar o parceiro ou a parceira de treino.

Os katas são realizados com precisão, como a caligrafia, o shodo, com os pincéis de bambu, em que nenhuma gota de tinta é usada a mais, em que o traço é suave e vigoroso, e expõe a beleza mesmo no significado indecifrável do kanji, – os ideogramas de origem chinesa utilizados no idioma japonês.

Esse é o treino em que as pessoas estão em harmonia, enxergando a arte numa mesma perspectiva.

Nem sempre é assim.

Num contato, o vislumbre do que a arte revela sobre o cotidiano, a vida. Aprender, por exemplo, que um traço encerra todos os traços, o Universo.

Uma palavra contém vários significados. E eles são escolhidos por quem ouve – influenciado pelo que sabe, como se sente. O cuidado de quem deseja ser compreendido é ter a sensibilidade para se expressar sabendo que na semente está a flor. Nada de mais, nada de menos!

Tudo pode ser igual, mas é diferente.

O silêncio da noite é interrompido durante a madrugada.

A chuva cai insistente e forte. O meu relógio biológico ainda não está totalmente ajustado depois de uma semana no Japão e horários confusos para pegar aviões e trens. Longas filas e limitadíssima possibilidade de comunicação com os locais, por conta da ignorância quase total do idioma, são fontes de incômodo e de impaciência. Uma superação a ser conquistada. Havia muita ansiedade sobre como seria a chegada em Shingu, depois planos longamente feitos e espera contabilizada em horas.

A ajuda do Google Tradutor é bem-vinda, mas nem sempre basta.

Acordo me devendo algumas horas de sono que não poderei pagar. Não há tempo. São 5h30. Me apronto para o primeiro treino do dia, que exige serenidade, virtude que ainda não tenho.

À parte o torpor da confusão da diferença das horas – são 12! – o sono intermitente, a expectativa da aula com Anno-Sensei, o desejo de me apresentar corretamente e medir para mim mesma o aprendizado obtido no tatame, passados cinco anos desde a última visita, tudo contribui para a minha agitação interna.

Utilizar os recursos treinados e ensinados pela lógica, pela meditação, pela contemplação e pelo subir e descer da roda da vida, para que o espírito se acalme, a mente se tranquilize e o corpo se acomode são lições decoradas, e desafiam os limites do dia a dia.

"Na prática, a teoria é outra!" O dito popular é sábio. Aprender com a cabeça não significa saber. A lógica decorada de sequências do que fazer não muda comportamento, é preciso mais. Eu sei disso e me repito que a contabilidade das muitas horas no tatame não é uma garantia de ter aprendido o suficiente. Afinal como treinara? O monólogo me ocupava e me desconcertava enquanto me vestia para sair.

Tinha uma carona para ir ao Dojô. Com aquele tempo chuvoso, sem guarda-chuva e sem saber chamar um táxi – não existe Uber na cidade – aproveitei os 15 minutos que tinha – agora já são 6h10 – faço uma varredura nos meus e-mails, notícias e mensagens de WhatsApp. Esse era um portal que me mantinha mais próximo das pessoas queridas, do que acontece longe, trazido para perto e me coloca dentro de uma realidade que ainda me ancorava.

Juerg Sensei para o carro em frente à saída oeste das ruinas da Castelo Tankaku, cerca de 100 metros do hostel onde estou hospedada. É rota obrigatória de Shingu para Mie, onde fica o Funada Dojô.

Eu espero diante do ponto turístico da cidade. Construído em 1601, foi abandonado em 1616, reconstruído em 1633 quando um novo xogum foi nomeado governador da província, e finalmente derrubado em 1873 durante o período Meiji de Restauração. Da colina onde estão as ruínas do Castelo, avista-se a cidade de Shingu à beira do oceano Pacífico.

O trajeto é rápido e Juerg Sensei gentil.

O grupo de alunos de Linda Holiday – 5 pessoas – e ela – já estão no tatame quando chegamos. Fazem aquecimento com Nakamura-Sensei. Faltam dez minutos para as 7 horas.

A sequência de exercícios é realizada com muita concentração, em silêncio.

Não há improviso, e se repete em todos os treinos que se seguiriam.

A ordem é sempre a mesma, o mesmo foco de Nakamura e o silêncio respeitoso no tatame.

Anno-Sensei chega, como de praxe sozinho, carregando a sua sacola onde está dobrado o dogui e a faixa branca. Ele não usa hakama, a vestimenta tradicional de faixa preta, tampouco tem uma faixa preta. Está sempre vestido como principiante.

Geralmente troca de roupa dentro do Dojô. Coloca a calça de treino por cima de uma longa ceroula. Está sempre com uma camiseta branca sob a camisa, que mantém quando está de dogui – quimono.

Quando entra no Dojô, paramos um instante o treino e nos viramos para saudá-lo. Ele acena e vai para a sua cadeira, (à esquerda da porta de entrada) próximo à qual, encostada na parede, tem uma pequena estante onde guarda cadernos com anotações – os diários de frequência de praticantes – e fixado na parede um grande calendário.

O despojamento do espaço combina com Anno-Sensei. Nada nele expõe a longa vida dedicada ao Aikidô e o fato de ser um dos poucos remanescentes alunos diretos do Fundador de quem recebeu, com menos de 50 anos de idade, o 8 Dan, graduação máxima na arte desde quando o 9 e 10 Dans deixaram de ser concedidos após a morte de Ueshiba Sensei, pelo Hombu Dojô, a organização responsável pelas diretrizes do Aikidô, atualmente dirigida pelo neto dele, o Doshu Moriteru.

Com Anno-Sensei e Juerg Steiner Sensei, no Funada Dojo. Mie, Kumano, abril de 2023.

Anno-Sensei tem a expressão tranquila da modéstia, da humildade e de seriedade – uma pessoa de sorriso fácil. Aos 92 anos conduz o treino com rigor. Não há tempo para pausas, isso será no final da aula, quando faz perguntas e quer saber como sentimos uma técnica, por exemplo.

Embora a etiqueta seja bastante observada nos cumprimentos, as dinâmicas nas aulas podem surpreender com propostas diferentes para a realização das práticas.

O Randori, por exemplo, é muito apreciado. Em grupos, alunos vão revezando e aplicando o kata – técnicas – em todos. A troca de parcerias durante um mesmo exercício também é pedida várias vezes. Não se alternam tantas vezes de técnica. Fica-se dez minutos em uma única, apenas trocando com quem se treina.

Além de treinar com os mesmos colegas – com o tatame cheio, os alunos são divididos em dois grupos. Anno-Sensei provoca mais a nossa atenção. Uma pessoa aplica o kata – a técnica – duas vezes – uma de cada vez – em todos os colegas e depois muda de grupo. Assim, sucessivamente, todas as pessoas treinam com todas as pessoas e os grupos se mantém do mesmo tamanho. Para que funcione corretamente, é preciso que todos os praticantes estejam focados aplicando e saindo, ou todo o grupo fica no prejuízo!

Além de aprender o movimento da arte, cada pessoa também pode observar como se conecta de maneira variada com diferentes colegas. Quando aplicamos uma mesma técnica, podemos acreditar que estamos fazendo o movimento semelhante àquele que acabamos de fazer com uma outra pessoa. Mas não é assim. Agimos diferente dependendo de quem está praticando conosco. E o que acontece?

O contexto – a circunstância, o momento e a pessoa com a qual nos relacionamos são condicionantes também para o nosso comportamento. Não é possível ignorar como nos conectamos e tampouco as sensações que esse contato provoca. Uma mesma palavra altera o tom quando olhamos para diferentes seres. Quase automaticamente, tendemos a modular a forma por uma leitura do que seria mais favorável à compreensão. Fazemos isso movidos por um mecanismo quase inconsciente e que reflete o nosso aprendizado e atenção.

A qualidade da "customização" reflete a habilidade de interação e a percepção desenvolvida pela atenção àquilo que acontece no momento. Não há uma fórmula que se preste a organizar toda a comunicação, em qualquer situação, e que chegue a qualquer público. Tampouco é possível garantir que a comunicação irá acontecer sem ruídos.

No cotidiano da comunicação a lição é clara. Quando há discordância sobre um ponto de vista, não insistir em "convencer" a outra pessoa, considerando que ela está errada, mas conduzir a conversa por meio de perguntas, com curiosidade genuína, que revele a sua intenção de compreender melhor o seu ponto de vista, ao mesmo tempo em que a conduz para uma reflexão. Ao rotular alguém, cria-se uma barreira e a força de resistência aumenta.

É ingenuidade imaginar que se possa ver todas as pessoas como iguais, com motivações altruístas, compassivas, justas, pacíficas, generosas, um mesmo nível de inteligência, conhecimento, força e habilidades. Ou o inverso, rotular as pessoas como sendo más, violentas, negativas, egoístas.

A imagem da outra pessoa – construída a partir do que percebemos, com todos os vieses que trazemos da nossa história – é uma armadilha. Fruto da percepção, é ficar de longe, também adivinhando sem se aproximar.

No meu primeiro ano de praticante de Aikidô – com mais de 40 anos de idade – mantinha uma compleição física forte e uma atitude bastante dinâmica. A minha postura e andar combinavam com uma personalidade igualmente forte, consistente com uma história de quem está acostumada e gosta de mandar. A minha figura era, e quase sempre é associada a poder, a força, a resolutividade.

E foi nessa imagem que o meu jovem Sensei, aplicou um Koshi Nague – (queda pelo quadril) um dos golpes mais difíceis para quem recebe. A pessoa precisa ter destreza para cair. A queda é feita do alto, de costas envergadas de quem faz o kata e se é lançada pelas costas. Alunos e alunas graduadas nem sempre estão confortáveis com a queda e sempre se pede cuidado ao jogar para evitar machucados.

Eu caí de mau jeito, quase me esborrachando e trinquei uma costela.

A autoconfiança que sinalizava confundiu o Sensei em relação a minha capacidade de receber o golpe. Inocentes em relação à realidade – ele e eu – agimos sem a prudência necessária, presos à imagem. Faltou atenção. Faltou presença e sensibilidade – dele para aplicar, e minha para me segurar e evitar o tombo para o qual não estava preparada.

Seguir receitas prontas não nos permite observar o momento. Somos facilmente atropelados pela realidade. O desafio é manter a atenção. Estar presente e escutar.

Anno-Sensei explora a nossa escuta. Uma instrução numa direção e logo em seguida, pede o que parece ser o oposto.

— Faça grande, um movimento em círculo grande. Faça um pequeno círculo direto do seu centro. Junte-se com o parceiro. Afaste-se do colega.

— O grande é igual ao pequeno. Mas se fazemos o grande, podemos realizar o pequeno com mais beleza.

A alternância de formas dentro de um mesmo movimento – ampliando, estreitando – sem que se perca a sua estrutura ensina que a essência não está limitada a uma maneira de fazer.

— Há várias maneiras de fazer uma técnica. Tem o círculo pequeno, o grande e o triângulo direto. Cada Sensei prefere um jeito. Isso depende do que funciona mais para uma pessoa, e para o momento.

Assim, Anno-Sensei desmistifica o conceito de eficiência, segundo o qual existe uma maneira ótima e única para lidar com o ataque. Mostra diversas formas de fazer um kata, com variações que vão desde movimentos das mãos, dos pés, do corpo, ao ângulo de aplicação – o que não é deixar brechas para a outra pessoa entrar.

No convívio com mestres da arte do Aikidô, descubro detalhes e formas novas de realizar os movimentos.

— "Não se prenda à 'técnica'", me alertava Nakamura-Sensei quando mostrava diferentes jeitos de fazer o kata.

Não ficar refém da técnica é fundamental, assim como poder fazer a trilha sem o bastão de caminhada, seria o ideal. Mas é arriscado. Use, aprenda e largue. Como se abandona o barco ao alcançar a outra margem do rio, na caminhada, o bastão apoia.

Na evolução do treinamento, os praticantes ganham confiança e habilidade para movimentar o próprio corpo e identificar possibilidades de realização das técnicas. Isso, contudo só é possível depois de os fundamentos terem sido aprendidos.

— Sensei, posso mostrar como estou habituada a fazer? – pergunto.

— Claro, claro, por favor – responde.

Faço uma técnica básica – um katate tori shiro nague omote – o movimento de trazer o parceiro segurando nos punhos dele como se fossem o cabo de uma espada, virando-o 180 graus, até levá-lo ao chão.

— Também está certo. É o jeito pequeno de fazer.

Fico mais aliviada entendendo que o rigor da técnica não esbarra nas possibilidades de que venha a ser feita corretamente de muitas maneiras.

Lembro da necessidade de não ter regras fixas quando a comunicação é uma arte.

• • •

10

ADAPTAR E CUIDAR DE SI

Um mesmo evento pode ter diversos relatos e criar respostas com histórias às vezes contraditórias entre os observadores. Editamos o passado segundo a nossa memória, reescrevendo-o múltiplas vezes.

Podemos nos surpreender como, numa mesma família, numa mesma casa, irmãos criados pelos mesmos pais, desenvolvem personalidades, escolhas, visões de mundo totalmente diversas, muitas vezes conflitantes entre si. Um pai alcoólatra, por exemplo, poderá ter um filho que também terá a mesma dependência e um outro que sente aversão pela bebida, agindo como um convertido.

Os dois irmãos, com trajetórias distintas, têm, na verdade, pai e mãe diferentes, ainda que biologicamente sejam os mesmos. No momento em que nasceram, os pais experimentavam, talvez, desafios distintos em cada época, podendo ser no próprio relacionamento ou na vida profissional.

Estariam, por exemplo, vivendo uma situação de estresse pela perda de emprego; num outro, poderiam ter recebido uma promoção. E a própria dinâmica do casal não é a mesma quando nasce o primogênito e quando chega o segundo ou o terceiro filho.

O contexto – a situação externa à criança – seja o estado emocional, físico ou condições vividas pelos pais, vai afetá-la. É assim que, muitas vezes, acontecimentos da infância dos irmãos são descritos por eles em versões diferentes, embora tenham vivido juntos.

A memória seleciona para reter e nos lembrar daquilo que nos impacta emocionalmente e nos faz sentido.

Anno-Sensei, seus alunos e instrutores do Funada Dojô permanecem deliberadamente como guardiães dos ensinamentos que foram transmitidos por Ueshiba Sensei, como Anno-Sensei os recebeu. Mantém o compromisso de que cada pessoa siga buscando em si realizar harmonia com o outro, o caminho do kokoro – do coração.

O respeito à individualidade, à história de cada pessoa, seu corpo, mente e sentimentos participam do treino.

Cada praticante vai enxergar o treinamento dentro de uma perspectiva de vida – seu foco, sua busca. Todos registramos e damos mais importância àquilo que nos é mais familiar ou impactante – positiva ou negativamente. Não há acordo entre todas as pessoas quanto aos significados dos fatos. Essa dificuldade irá nos acompanhar onde estivermos, a qualquer tempo.

Um bom emprego pode significar ganhos suficientes para comprar uma casa, um carro, viajar. Ou pode ser um lugar a partir do qual se quer "mudar o mundo".

A verdade para a pessoa que se preocupa em se defender da violência física seria desenvolver as suas habilidades por meio de técnicas de corpo, ou pelo uso de armas. Mas também evitando situações em que se exponha a agressões, em lugares, pessoas ou assuntos.

O Aikidô, como arte marcial, possui técnicas que permitem ao praticante fazer defesa pessoal, aplicar golpes mortais. E tem uma dimensão em que a suavidade não pode ser confundida com fragilidade. A realização precisa, utilizando-se os recursos da energia, é avassaladora, mas não é facilmente aprendida.

O debate sobre a precedência da técnica – o kata – no Aikidô, como uma arte marcial, e que deva ser vigoroso e técnico, um Budo, diferente de práticas suaves, focadas na energia – o ki – no kokyu –divide os praticantes na maneira como treinam. De um lado, a técnica como preceito básico e determinante da prática, de outro, o reconhecimento do Aikidô como uma arte marcial interna, em que a energia, o ki, é a base dos movimentos.

As nossas escolhas e definição de interesses influenciam as nossas preferências de convivência com as pessoas. Quanto mais interesses em comum, mais confortáveis nos sentiremos.

A nossa autenticidade se expressa com mais facilidade naqueles ambientes em que nos sentimentos acolhidos, o que não significa apenas estar onde todos concordam com onde há generosidade e respeito pelas diferenças. O essencial é, no percurso, manter fidelidade àquilo que faz sentido, porque nos fortalece e nos mantém olhando e escutando o outro sem julgamento.

A auto traição, que significa permanecer em um foco que não permite seguir a própria busca, leva à perda de autenticidade e inibe o crescimento das potencialidades.

As experiências de Morihei Ueshiba e a influência que teve de Onisaburo Deguchi, fundador de uma nova religião adotada por ele, o Oomoto, um sincretismo que inclui visões do xintó e do budismo, e proclama a busca universal da paz, mudaram o significado da sua arte marcial, agora orientada para a harmonia, não infligir derrotas, criando adversários ou inimigos.

De um artista habilidoso e imbatível, Ueshiba passou a se orientar por um sentido espiritual dando ênfase na realização dos movimentos surgidos a partir de sentimentos de alegria e desejo de promover a felicidade.

As mudanças na história da arte não invalidam o que ela foi ao longo do tempo. A cada fase manifestou a sua verdade e beleza, servindo àquilo que era buscado.

O Kumano Juku Dojô começou a funcionar em 1953 construído por Michio Hickitsushi Sensei, a pedido de Ueshiba Sensei, em Shingu. O Sensei se referia ao Dojô como "meu Dojô" e o frequentava regulamente, geralmente uma vez por mês. Suas visitas também incluíam rezar nos grandes templos de Nachi, Hatayama e Hongu e fazer práticas de musubi – meditação e purificação – sob as águas da queda de água de Nachi, ao lado do grande templo.

— Embora na época da criação do Kumano Juku Dojô, o Fundador do Aikidô estivesse devotado a pesquisar os aspectos espirituais da arte, ele queria ter um local para o ensinamento dos fundamentos técnicos do Aikidô, conta Juerg Sensei.

Ao longo dos últimos quinze anos de vida de Ueshiba Sensei, duas formas de praticar o Aikidô conviveram no "Dojô do Inferno".

— As aulas de Anno-Sensei pela manhã eram completamente diferentes do treino de Hickitsuchi Sensei. Eram momentos de muita alegria. E ele pesquisava muito. Baseava as técnicas em formas amplas, circulares e muito eficientes. Eu tinha mais medo de Anno-Sensei, que era muito potente, do que de Hickitsuchi Sensei! – conta Juerg, que arregala os olhos quando comenta sobre a grande força de Anno-Sensei, de muita energia não muscular.

— Hickitsuchi Sensei era também muito devoto das práticas religiosas. Uma vez por mês fazia treinos com os faixas pretas e falava sobre a filosofia e o aspecto espiritual do Aikidô. No dia a dia, o seu foco era a eficiência dos kata (golpes) a partir de uma figura geométrica, o triângulo. Isso significa uma entrada direta, poucos movimentos, poucas chances para a outra pessoa se proteger da resposta ao ataque.

A minha curiosidade era compreender de que forma, num mesmo local, sob a orientação de um mesmo mestre, Morihei Ueshiba, dois alunos tivessem formas tão distintas de praticar a arte, sendo ambos fiéis aos ensinamentos.

— Tem muito a ver com personalidade e com a história de cada pessoa, analisa Juerg.

Hickitsuchi Sensei foi formado em uma escola particular de artes marciais onde estudou desde criança, qualificando-se nas artes tradicionais do Japão em que a execução das técnicas é estrita e não permite qualquer intepretação.

— As artes tradicionais são executadas com precisão milimétrica e muito da sua eficiência vem daí. É o domínio físico total, analisa Juerg.

— Anno-Sensei sempre foi um pesquisador. Não se contentava com o triângulo. Para ele, os movimentos deveriam conter o círculo, a espiral e o quadrado. E ele era brilhante, excepcional, muito forte e podia antecipar com precisão o ponto de abertura do uke (aquele que ataca), se conectar e fazer a pessoa voar para longe... Vi acontecer muitas vezes. As projeções eram feitas sem cantos, com muita beleza, lembra.

Porém, a convivência das duas abordagens num mesmo Dojô é um desafio que nem sempre pode ser superado.

O uso da força física é um recurso para quem tem nela a sua principal fonte de autoridade e de controle. Isso corresponderia, por exemplo, ao poder de coerção de uma liderança pela perspectiva de punição. Nas empresas, ou mesmo nas famílias, nos governos ditatoriais, muitas vezes a persuasão é feita pela iminência de castigo, pela imposição. E ela tem um limite: funcionário descontente pede demissão, filhos contrariados saem de casa e governos são destituídos.

O uso de uma técnica a partir de "corpo de Aiki" – ou seja, um corpo relaxado, centrado, sem intenção negativa em relação à outra pessoa, cria condições para a execução "marcial" com imensa potência. Isso requer, além da boa vontade dos praticantes, domínio de detalhes técnicos que aplicados sozinhos não tem efetividade. Entretanto, quando se faz o golpe exclusivamente orientado pela precisão técnica, também não funciona, será preciso a força física para "derrubar" ou "imobilizar" o parceiro ou parceira de treino.

No tatame, como na vida, tem espaço para todas as escolhas.

— Tudo depende do que leva alguém a praticar. Pode ser para se tornar mais forte, para defesa pessoal, pode ser para procurar ficar mais saudável, pode ser que a pessoa queira ficar famosa. E tem gente que quer outra coisa. Para cada busca há uma prática. É preciso aceitar todas, analisa Hine-Sensei. O objetivo de cada pessoa poderá ser atendido. Ela vai buscar um professor que ofereça essas habilidades e irá se concentrar nesse desenvolvimento.

— A pessoa pode até ser artista de cinema usando Aikidô, brinca Juerg Sensei.

7 Dan, o Sensei suíço que se casou com Noriko Mera, uma japonesa de Shingu, cidade onde morou por quase 14 anos como uchideshi (aluno interno) no Kumano Juku Dojô onde Anno-Sensei ensinava, lembra aquele tempo, nas décadas de 1970, 1980, no "Dojô do Inferno", como era conhecido o Kumano Juku Dojô.

— Só fiquei em Shingu por causa do Anno-Sensei. Os treinos da noite com Hickitsuchi Sensei eram tremendos. Tive três dedos quebrados, e era frequente pessoas com dentes ou clavículas partidos. Não havia mulher aí, todos queriam ser artistas marciais fortes e temidos. Era assim que se entendia como o Aikidô deveria ser praticado, conta Juerg Steiner Sensei.

Os talentos florescem com mais vigor quando a pessoa se sente adequada e parte de uma mesma comunidade ou grupo.

No budismo tibetano se diz: — Eu tomo refúgio em Buda – o mestre, – no Dharma – a sabedoria, e na Sanga – a comunidade de pessoas que segue as mesmas orientações. Quando se aceita esse princípio, a unidade é fortalecida e as pessoas se sentem mais fortes para seguir. A comunidade de praticantes é um bastão para a caminhada.

E Anno-Sensei adverte:

— Mas se não está de acordo, você deve sair daquele grupo. Você só vai conseguir praticar como entende se estiver treinando com alguém que tem pensamento semelhante.

Ele me aconselha:

— Pergunte a cada pessoa que vem praticar o que está procurando, o que deseja. E indague sobre como se sente durante o treino, o que gosta, o que não gosta, qual a dificuldade, e o que percebeu que estava bem ou que precisava melhorar.

E prossegue:

— A pessoa quando está mais avançada em idade vai se interessar por aspectos mais espirituais, por uma prática mais suave. Os mais jovens vão querer outra coisa, tudo é importante, porque é o que se está buscando no momento. E faz parte do aprendizado.

— O essencial, contudo, é que o treino sirva para que cada um vá se "polindo". – Todo dia.

• • •

— Você tem família japonesa? Tem origem japonesa? – os olhinhos brilhantes de Morita, nosso anfitrião era inquisitivo.

— Não, não tenho, respondi.

— Porque você prática como japoneses...

Eu não sabia dizer se aquilo era um elogio, mas ao que tudo indicava, sim, pelas vezes em que abanava a cabeça afirmativamente quando eu lhe aplicava parte de um golpe da sua arte, que havia recém mostrado.

— Você move muito bem as mãos.

Eu havia afundado os dedos anular e médio pouco acima da omoplata de Morita, próximo a garganta, fazendo com que quase caísse no chão. Era uma técnica para matar, contou.

Ao ar livre, sob as vistas da pequena criação de cavalos e cabras, na zona rural de Tanabe, cidade onde nasceu Ueshiba Sensei, Fundador do Aikidô, Morita mostra cuidadosamente alguns movimentos de corpo que podem levar um adversário a ficar muito machucado ou mesmo à morte.

— A minha família, Morita, era de samurais, desde os tempos de Tokugawa, e tradicionalmente cada família tinha os seus segredos marciais (Budo). Esses segredos eram passados entre as gerações. Eu recebi do meu avô, que me escolheu entre meus irmãos para passar o Shin Mei Ryu Kotsu Po (técnica de fluir os ossos para alcançar a iluminação divina).

Morita dispensa tratamento carinhoso e reverencial ao nosso pequeno grupo que se reunia à sua volta, graças à presença de Anno-Sensei e ao amigo Alfonso que nos levara até lá, cuidador dedicado dos seus cavalos:

— Ele tem um bom coração. Eu o ajudo com algumas técnicas para apoiar o seu desenvolvimento no Aikidô.

Personagens de narrativas heroicas da História do Japão, cujas linhagens de família ainda sobrevivem nos tempos atuais, descendentes de samurais guardariam segredos de golpes mortais, muitos deles apropriadas pelo Budo – as artes marciais.

— As técnicas eram mortais, pois eram usadas na guerra. São golpes que com o passar do tempo foram deixados, porque eram muito perigosos. Cada família tinha o seu segredo. O meu avô me ensinou com três condições: primeiro, que eu só mostraria para pessoas de bom coração; segundo, não iria ganhar dinheiro com isso, e, terceiro, que só mostraria ao ar livre, que nunca teria um Dojô.

— Ueshiba Sensei transformou aquelas formas de praticar, as antigas artes, que eram para matar, em um novo tipo de Budo, comenta Morita.

As antigas práticas de Budo contém golpes que ao longo da história se misturaram às artes estabelecidas. É possível reconhecer movimentos de corpo, imobilizações, ataques, nas tradicionais técnicas do Daito-Ryu, por exemplo, arte da qual surgiu também o Aikidô. E não diferem muito dos princípios que regem a defesa pessoal. O que muda é a escolha que faz para o uso da habilidade.

O fim da era samurai para os profissionais da guerra dispersou pelo Japão pessoas que haviam se dedicado a proteger o Xogunato como uma força militar. O exército como instituição do Estado substituiu aqueles guerreiros, organizando a força com armas de fogo no lugar do antigo combate corpo-a-corpo e com a espada.

— O avô do meu avô passou a se dedicar à meditação e trouxe isso para nossa família. Muitos de nós fomos estudar nos mosteiros, inclusive eu.

E prossegue:

— Prefiro ficar na natureza olhando ao redor, diz, enquanto mostra a pequena propriedade rural cercada pelas montanhas de Kumano e onde é contínuo o barulho das águas do grande rio que banha o terreno.

— Aqui recebo a energia que preciso. Treino diariamente para me manter conectado com a terra e com o céu.

O ritual do ninja, um devoto xintoísta e budista zen, é feito durante a noite. Ele conta que faz os exercícios – mostra como pratica um tipo de respiração com se abraçasse a natureza, mantendo o corpo solto – o tórax, os ombros e o quadril que imitam as águas corridas de um rio.

O aprendizado das técnicas de matar, tesouro de sobreviventes samurais, se transforma em reflexões que têm a natureza como pano de fundo – a terra, a água, o ar – revelando um guerreiro pacífico e cuidadoso. Além das regras para aplicação dos golpes, a sua atenção é pela longevidade saudável.

— É importante cuidar do corpo e da saúde, aconselha Morita, que não bebe bebida alcoólica e não fuma.

— É preciso comer pouco – diz, em perfeita sintonia com Anno-Sensei, que dita o mesmo preceito aos alunos e alunas estrangeiros que se despedem dele depois de duas semanas de treino. Ambos olham para o sagrado da vida e do corpo.

A exaustão física e os limites do corpo não são desafiados nos treinos do Funada Dojô. Se os joelhos doem, as técnicas devem ser feitas de pé, se há desconforto e cansaço, reduz-se a velocidade. Cada pessoa se mantém atenta às próprias necessidades e limites. E, mesmo quando Anno-Sensei se anima ao final das aulas arremessando cada um e cada uma, quem se sente incapaz de continuar na maratona de quedas pode parar, agradecer o mestre e imediatamente alguém vem para o seu lugar.

A conexão com a outra pessoa é um mantra. De um lado, o uke – quem ataca e recebe a técnica – deve se juntar ao nague – a pessoa que vai desferir o golpe – para que juntos realizem os movimentos.

A técnica mortal é uma tradução do aspecto poderoso de cada um de nós. O mesmo poder, que, idêntico na intensidade se manifesta no cuidado gentil e na responsabilidade, por escolha do uso do conhecimento. A potência é agora a suavidade apaziguada pela ausência da disputa, da guerra.

— Não se pode quebrar a ligação com a outra pessoa. No Aikidô, devemos praticar como se fossemos um, reafirma Anno-Sensei.

Naquele treino, Anno-Sensei pede que todos nos coloquemos numa roda, inicialmente nos dando as mãos para estabelecer a distância entre nós e, em seguida, todos juntos devemos fazer movimentos básicos de preparação para realizar as técnicas.

— Quando estamos assim, eu posso ver cada um, cada uma, ver como estão praticando e senti-los. Essa energia me alimenta, diz com um sorriso nos lábios.

Na gentileza e respeito com que ensina, não há lugar para comportamentos indolentes, conversas paralelas, desconcentração.

Uma grande vigilância recai sobre a postura.

Os olhos atentos e curiosos acompanham cada estudante e, da sua cadeira, ou de pé no meio do tatame, aponta o que precisa ser feito, faz correções precisas. Ao observar as dificuldades, explica os detalhes que fogem da nossa compreensão imediata.

— Da postura correta surge a técnica correta.

Isso significa manter a coluna ereta, o olhar altivo na linha do horizonte, os pés afundando na terra.

— Somos a ligação entre o céu e a terra, e a nossa energia deve estar bem alinhada. Devemos ir junto com ela.

A postura correta indica a escolha. Postura é basicamente a maneira como nos posicionamos em relação ao mundo – às pessoas, ao ambiente, às circunstâncias. O corpo indica como orientamos o nosso olhar. E é onde pousamos que depositamos nossa atenção.

Os dedos firmes de Morita, treinados em batidas intensas e incessantes no tronco de árvores, pega o meu pescoço, mexe de um lado e outro, para cima, para baixo. Pronto. As vértebras que deixavam dolorida a minha nuca estão alinhadas. Nada dói.

Matar é uma escolha.

• • •

11

PRECISÃO E RITMO

Esculpido em uma rocha na encosta de Kumano, em Mie, encontra-se o impressionante Hananoiwaya-jinja, que se acredita ser o Santuário mais antigo do Japão, datado de 710 a.C. O Santuário é dedicado à deusa primordial da mitologia japonesa, Izanami-no-mikoto e ao seu filho, o deus do fogo Hinokagutsuchi. No local, cultua-se como um corpo sagrado dos deuses um imponente rochedo de 45 metros de altura e 80 de largura. O impressionante rochedo fica junto à paradisíaca "Shichiri Mihama", a praia mais longa da Terra do Sol Nascente.

Dedicado às divindades xintoístas, Hana, no Iwaya Jinja, é considerado o túmulo da deusa Izanami; de acordo com o "Nihon Shoki", (Antigas Crônicas do Japão), depois de criar as terras nipônicas, Izanami e Izanagi (deuses primordiais da mitologia japonesa) criaram deidades das montanhas, oceanos, águas e rochas. No entanto, após Izanami dar à luz ao deus do fogo, Hinokagutsuchi, a deusa foi queimada até a morte.

Hananoiwaya-jinja faz parte dos Locais Sagrados das Rotas de Peregrinação de Kumano Kodö na Cordilheira Kii; uma rota com mais de 800 km, declarada como Patrimônio Cultural da Humanidade pela UNESCO, em 2004. Kumano Kodö há mais de um milênio atrai peregrinos de todo o país e do mundo.

Anno-Sensei anda vagarosamente, limitado pela dificuldade imposta pela articulação do quadril e cruza o tori, portão de acesso ao Santuário. Em silêncio reverente mantém o olhar de admiração pelo local.

Diante de nós está a majestosa rocha, representação concreta do mito ancestral. Sensei se aproxima do ponto onde são colocadas as oferendas, põe aí uma moeda, curva-se e faz em silêncio uma oração. Em seguida, retira-se até o banco de madeira próximo, onde se senta, admirando a natureza.

Anno-Sensei deve ter visitado o local centenas de vezes ao longo da sua vida. Em algumas de suas idas, em que o acompanhei, manteve a atitude de admiração e espanto pela grandiosidade do ambiente. Não parecia ser aquela vez apenas uma das tantas visitas que fez. Age como se tudo fosse novo. Não há o tédio que surge no repetitivo, mas há curiosidade. Ele se detém nos detalhes, olha as pequenas flores que crescem nas frestas das pedras, os detalhes na rocha, admirado, atento e reverente, como alguém que está aí pela primeira vez.

É sair do conforto do conhecido.

A atitude de principiante, com disponibilidade para encontrar o desconhecido no aparentemente sabido, permite receber o novo, e é essencial para que se reconheçam oportunidades. Esse olhar é, em si, um exercício de criatividade. Aliás, ensinamentos valiosos são transmitidos pelos sábios de várias tradições em histórias ou anedotas que têm camadas de leitura e de interpretação.

O simbólico personagem Nasrudin da tradição árabe sufi estava procurando uma agulha sob o poste de luz, à noite. Alguém que passava, vendo, oferece ajuda. Os dois olham aí no chão minuciosamente e não acham o objeto.

— Nasrudin, você tem certeza de que perdeu aqui?

A resposta: — Não, mas aqui é onde está claro.

Escutar com admiração, curiosidade e espanto ajuda a encontrar dimensões ocultas na narrativa; sem adivinhar respostas usando o que acredita saber. A cada instante algo é incorporado como parte da contínua transformação.

Anno-Sensei repete com frequência que cada dia é novo. Não é possível utilizar sempre o mesmo, ainda que sejamos fiéis a uma tradição. É necessário focar no momento presente, e o que está diante de nós, no instante fugidio e eterno.

— De cada dia um aprendizado, recebemos alguma coisa que a gente não sabe. Eu hoje, depois de 65 anos de Aikidô, estou começando a entender o que Ueshiba Sensei ensinava, diz.

Inspirar-se no ambiente, na audiência a partir do que se sente é fundamental para que nos mantenhamos conectados. Não há hesitação se a ação surge com naturalidade. Não é o mesmo que improvisar, mas deixar aberto o caminho para a expressão genuína que exclui a necessidade de representar para alguém, mas simplesmente tirar a necessidade de impressionar da frente. O efeito é a manifestação honesta que vem da dedicação em dissuadir as nossas vaidosas feras internas.

— Na medida em que se treina, quanto mais se faz, mais movimentos novos surgem. Não é preciso pensar neles, o corpo conduz com espontaneidade e com alegria, repete Anno-Sensei.

A criatividade, portanto, exige treino. E pela necessidade de o espírito se expressar surgem as artes. Esbarram na tentativa, normalmente frustrada de traduzir intelectualmente experiências que estão organizadas além da dimensão cognitiva.

O nosso vocabulário se enriquece com o simbólico – da arte – música, pintura, dança, poesia – além do aspecto intelectual da comunicação, o lógico, racional. Entretanto, nenhuma dessas expressões pode conter, na sua totalidade, o que é vivido.

Cada indivíduo possui o dom próprio e a capacidade única de se conectar com a sua dimensão criativa e criadora.

Paro para refletir na inviabilidade de tentar compreender o que não está embalado "racionalmente". As explicações sobre os como e os porquês que estão além do que pode ser traduzido linearmente – com mais ou menos erudição – e são a medida pela qual nos acostumamos a aprender, são frustrantes.

A grande dificuldade para se penetrar nos ensinamentos que possuem uma dimensão profunda e secreta, está na impossibilidade de eles serem descritos. Como é possível explicar a uma pessoa que nasceu cega o que é vermelho? Ou a alguém que nunca experimentou uma laranja qual é o gosto da fruta? O que é o sabor salgado? Ou doce?

A criação de métodos, de processos, é um esforço para garantir a sobrevivência do conhecimento e que esse possa ser transferido com menor risco de distorção possível. Mas, aquilo que pode ser ensinado pelas palavras é apenas o que pode ser descrito por elas.

Em algumas tradições se diz que "o filho aprende pelas costas dos pais". Seguir o mestre e apreender com seus gestos, pelo exemplo, tem a força que as repreensões e ensinamentos orais não possuem.

Encaremos a verdade: o mal-entendido está no centro de todas as relações, de toda comunicação.

Muita confusão surge na definição de limites e na diferenciação entre o que é certo e o que é errado. São as discussões do cotidiano. No Aikidô não é diferente, já que ele simbolicamente espelha a vida.

O espírito vem antes do corpo – costuma dizer Anno-Sensei. Se prestamos atenção ao espírito, o corpo vem junto. Isso significa que escutar a si mesmo, a si mesma, faz a diferença – tanto nas escolhas do que fazer como na maneira como se pratica no tatame, ou seja, como se anda pela vida.

Estávamos na casa de Sensei, na sala onde estuda, escreve, medita. Está localizada em um povoado na prefeitura de mie, na região de Kumano, cerca de dez minutos de carro até o Funada Dojô. Ele conversa com satisfação. Arruma a sala para nos acomodarmos – somos ele, Noriko e eu. Traz biscoitos, água, ajeita as cadeiras.

Tem a energia inconfundível do entusiasmo de quem vive o seu propósito. Aos 92 anos esbanja vitalidade. Mostra a fotografia em que aparece treinando com O'Sensei e que ocupa lugar de destaque na pequena estante.

No corpo, os sinais dos longos treinos – encurvado quando está de pé, tem dores lombares e na cervical. Magro, pele reluzente e olhos perscrutadores, firmes no interlocutor, escutando, mesmo se o idioma é estranho para ele.

Marcamos a conversa para eu pudesse explorar mais o seu pensamento sobre Aikidô. Queria respostas diretas, simples, concretas e objetivas, no pressuposto de que aí está a clareza das coisas. Ele refletia sobre a vida.

Anno-Sensei dá grande importância à precisão nas técnicas, mas enxerga o Aikidô além disso. A técnica é uma parte do caminho, não é o caminho. O caminho é a intencionalidade. Ele evita ser categórico.

— Pode ser que não seja assim, mas é assim como eu estou pensando hoje. Todo dia é diferente. É importante valorizar cada treino. Cada dia.

Enquanto treinávamos, Noriko-San e eu diante dos olhos atentos dele, algumas horas antes, a instrução era precisa e clara sobre a forma de mover as mãos, abrir os dedos. Para ele, naquele instante era o necessário. Eu recebia outra orientação: melhor posicionar os pés enquanto fazia o golpe.

Cada pessoa, a cada instante se adapta às suas circunstâncias e observa a si mesma.

— Todo dia muda, repete Anno-Sensei.

— Então é muito difícil se temos que também mudar a cada hora...

— É muito difícil, porque não tem mesmo forma. A forma vai surgindo da natureza, do contato.

Aquilo me deixava em grande confusão mental. Se por um lado é essencial que sejamos atentos e precisos com as mãos, com os pés, com a postura, com a direção e com a maneira de atacar e de fazer o kata, e isso não tinha importância, então, para que treinar...

A tentação ao niilismo em que a ausência de sentido pode conduzir a imobilidade, à preguiça e a busca retórica de argumentos é muito grande. E se abre uma enorme brecha para que a gente siga contente como se está, com o que pensa que sabe.

Mas a recomendação é ser permanente na procura por se livrar de maus sentimentos, preocupações, emoções negativas e isso exige treino constante. E cada vez mais precisão naquilo que se está fazendo, naquele momento.

Não há gesto de desleixo, de displicência, que possa ser tolerado. Aí está um pouco da essência da técnica, a execução pura, natural e simples, no momento.

Mesmo sabendo que no dia seguinte deverá recomeçar, mas sem que se perceba, pouco a pouco vão se alinhando coração, mente e corpo a partir de uma disciplina em que a intenção é o guia.

O importante são boas pessoas e boas leituras, aconselha Anno-Sensei, que mostra o livro que está estudando sobre o Omoto – religião à qual se converteu Ueshiba Sensei, e que possui grande ênfase na promoção da harmonia universal, na paz, – e que foi responsável por reorientá-lo na prática marcial, fundando o Aikidô.

Do inspirar e expirar sincronicamente, relaxando os ombros, soltando os joelhos, a posição correta dos pés, surgem as condições iniciais para a prática.

Sem pretensão da erudição acadêmica, sem teorias e caminhando pelos labirintos da alma e deixando fluir a arte, Anno-Sensei aprecia serenamente a sua xícara de chá.

• • •

As possibilidades são portas que se abrem naturalmente quando deixamos a certeza de que há apenas um caminho.

Aprender a mudar o corpo de lugar, mudar o movimento de direção, a forma, a velocidade. São lições para aumentar a flexibilidade e abrir a criatividade.

Anno-Sensei quer que eu me movimente mais livremente no tatame. Que ocupe o tatame inteiro com o meu deslocamento, na minha imaginação, com soltura, suavidade e confiança. Pede que não me preocupe com a pessoa que me segura e tenta me reter. Isso não parece simples e fácil de fazer, mas é simples e fácil de falar.

Como é possível ignorar quando alguém nos puxa para baixo, tenta nos conter, bloqueia nosso movimento, impede a nossa ação?

O princípio essencial da arte é aceitar o contato e transformar o toque numa sinfonia, torná-lo tão grande que incorpore as pessoas que estão aí. É a maneira como eliminamos as pontas, as fricções que machucam e que separam no grande círculo em que o vazio é ocupado pela intenção de apenas reconhecer-se parte de uma unidade com o outro, com a outra pessoa.

Nakamura-Sensei, meu gentil companheiro e instrutor de treino todas as manhãs, me segurava com delicadeza, mas com firmeza. Homem grande para os padrões japoneses, com cerca de 1,80 metro de altura e pelo menos uns 90 quilos, revezava comigo a aplicação dos kata. Num momento ele aplicava – o movimento era o básico – Tenkan – que significa movimentar-se levando consigo o parceiro que prende o seu punho, e que não tem boa vontade em acompanhar. Num outro fazia o desenho no tatame com os pés se movendo na direção oposta.

Alguém estende a mão, e, assim que pessoa pega, vira o corpo alinhando-se ombro a ombro com quem segurou, sem atravessar na frente, projetando à frente quem prendeu a mão. Ao girar o corpo 180 graus, apoiar-se no pé que afasta para trás, projetar as duas mãos para a frente, palmas abertas para cima, os braços estendidos, mas não esticados. É a experiência de mudança de perspectiva, mantendo a base estável. A descrição pode parecer esotérica, mas o movimento é simples quando se olha e desafiador quando se realiza.

A minha tarefa era não perder a conexão e me integrar a Nakamura-Sensei. Uma missão difícil para quem se acostumou a desconfiar da capacidade de liderança do outro e se condicionou sempre a controlar e dar a direção. O exercício de aceitação seria o primeiro passo para encontrar tantas outras possibilidades.

Tento aprender com Nakamura-Sensei, que me leva facilmente embora, eu tentei resistir, mas sigo com naturalidade e espontaneamente, e sigo ainda que a velocidade dele aumente e alterne o ritmo. Aceitar, deixar-se ir com postura e alegria, reconhecendo que há mais do que não se sabe do que aquilo que se acreditar dominar. Sem intelectualismos e sem adivinhação, apenas no fluxo sereno da entrega confiante no outro e em si.

No dia a dia, lidar com o desafio do desejo do outro é uma situação corriqueira. Tão frequente quanto o embate para sobrepor a nossa própria vontade. Isso aparece de jeitos variados: do uso de argumentos à força do convencimento, muitas vezes apoiada numa posição de autoridade à violência, que também pode se esconder em palavras gentis com falsa benevolência.

Para realizar o deslocamento da outra pessoa, convidando-a a permanecer junto, é preciso ter o corpo integrado – mente e sentimentos – fazendo o encontro no abdômen, no ponto chamado tandem – localizado a 3/5 entre o umbigo e o osso pubiano, o centro de gravidade do corpo. Aí se reúnem intenção e equilíbrio para produzir o relaxamento necessário à fluidez do deslocamento. É essencial não perder o equilíbrio e isso significa manter o alinhamento com o centro do corpo, da gravidade.

Tenkan – converter, por exemplo, a uva em vinho. É quando transformamos o ataque em uma situação nova onde o conflito é desnecessário, quando as diferenças não importam.

Com Nakamura-Sensei, no Funada Dojo. Mie, Kumano, maio de 2023.

Tradução: quando há uma tentativa de alguém nos conter, usando a força, mudamos de posição, abrimos espaço para que o impulso se esgote, fiéis à nossa intenção, com paciência. Ampliar a visão, ver o contexto, buscar novo enfoque e reconsiderar a velocidade. Uma lição que se repete, mas que em cada circunstância parece nova.

É necessário mudar o corpo de lugar e relaxadamente deslocar o próprio peso para baixo, de tal maneira que pessoa se sente com vontade de acompanhar.

Fora do tatame a tradução é: gentileza e informação. Provavelmente, o mais difícil é aceitar a "pegada", a tentativa de controle da outra pessoa sobre nós, passando a enxergá-la como um suporte – um ponto de sustentação – e não um freio. Repousar no outro. Lembrar que a ação da outra pessoa por mais agressiva e tempestiva que possa ser é um impulso para uma situação nova e benéfica, sendo possível aproveitar essa energia ao invés de tentar bloqueá-la.

Não é fácil, embora possa parecer simples. Exige escuta, presença, paciência e equilíbrio, centramento.

Se alguém me aborda agressivamente, mudo de posição, movimento o meu corpo, antes de responder. Ao me mover, crio um espaço de observação que ajuda a me tranquilizar, outros elementos entram na minha visão. Se estou de costas para a janela me viro na direção da luz; se estou sentada, fico de pé. Assim, a outra pessoa se vê direcionada para a minha perspectiva. Isso é simplesmente trabalhar com o tempo e o espaço a nosso favor. Ritmo e gestão do tempo são elementos essenciais para manter a atenção e a estabilidade.

Mexa-se! Não ficar parada; não rejeitar, não enfrentar. Aceitar – pela escuta – e mudar o rumo, completando o gesto inicial. Aproveitar o que está sendo dito para demonstrar que respeita e mantém a atenção.

Ajustes serão feitos ao longo do tempo, relacionamento, na medida em que as pessoas se sentem escutadas. Não é preciso concluir rapidamente. Saber esperar com abertura, sem respostas prontas. Cada situação contém o novo. Nada se repete de forma idêntica!

Ajude a outra pessoa a se adaptar na mudança. Inverta a sua posição, pergunte. Tenha dúvidas. Relaxe. Pause. Permita que as ideias apareçam. Não as julgue, confie no que não sabe para que o que sabe – que o corpo e a mente sabem – surja. Se quiser controlar, não vai funcionar. É preciso tempo!

Haverá eficiência se nos mantemos conectados, livres e confortáveis para seguir o fluxo. Quando as pessoas não se sentem ameaçadas ou subjugadas, mas satisfeitas e à vontade, diminuem suas resistências, reduzem as críticas e julgamentos maliciosos e aumentam a boa vontade, e ficam mais disponíveis para aceitar novas ideias e projetos.

Manter-se alinhado e em equilíbrio – intenção e sentimento – tem a externalidade que é a da mão na direção do centro do corpo que se mantém relaxado, com ombros e joelhos soltos num movimento sincronizado com os pés que se mantém na linha do umbigo, apontando para a frente. Corpo tenso e rígido mostram mente igual.

Portanto, olhando para a frente, sem recuar. Mesmo quando se vai para trás, está se indo para a frente! Ou seja, ceder e conceder não é recuar, pode significar a descoberta de uma nova maneira de prosseguir. Quantas vezes, no trânsito, o GPS nos mostra atalhos que parecem nos distanciar do nosso destino apenas porque o primeiro trajeto estava congestionado? A mesma lógica se aplica. Pode demorar um pouco mais, mas a rota oferecerá menos retenção.

A visualização do movimento permite desenhar um comportamento. Olhar para si não como um muro, mas como uma ponte sem reduzir o próprio tamanho ou sem tentar ocupar todo o espaço. Não há encolhimento. Não há redução ou contração, mas expansão e inclusão.

Ombros baixos – menos arrogância! Joelhos soltos – humildade – hiper estendidos mostram rigidez e inflexibilidade! Pés na mesma direção que a barriga – não perder o foco, saber que a direção é uma escolha feita a partir do nosso centro, da nossa motivação e entendimento de quem somos.

Lembrar: se o seu objetivo é "detonar" a outra pessoa e não resolver o assunto em questão, já perdeu o centro... Olhar para a frente, para a solução, não se fixar nos problemas – obstáculos que levam à paralisia da análise, ninguém se mexe analisando, analisando – e são tantos prós e tantos contras que a lista infindável provoca estagnação.

Tai no henko – mudar o corpo de direção, com o coração íntegro.

Tudo inicia com a volta para si mesmo. O ponto que está preso – a mão, por exemplo, a ideia, onde se encontra a resistência, é delicadamente deslocada para se conectar com o centro de estabilidade e de calma, no tandem – que também é chamado de "oceano de energia" – a partir de onde o vazio se inicia círculo. A ideia é criar espaço para a outra pessoa, movendo-se com gentileza, mas com firmeza e intenção clara.

Haverá menor resistência da outra parte se não houver sinais de que se está tentando controlar, ganhar vantagem, desqualificar a outra pessoa. Não haverá sempre concordância geral, porém estabelece-se um ambiente inicial para que as diferenças sejam vistas sem desconfiança.

A intenção não é fazer com que todos aceitem o mesmo ponto de vista. É estabelecer a convivência nas diferenças. O respeito e gratidão, também pelas diferenças que nos auxiliam a enxergar de onde não estamos.

Mudar sem tentar arrastar a outra pessoa, mas convidando-a com sentimento puro.

Nem todos irão junto conosco e nós nem sempre vamos acompanhar. Podemos não conseguir imediatamente, mas a intenção de ajustar já é um começo. O essencial é não fechar a porta.

Com realismo, sempre transformar situações de conflito em uma paisagem de harmonia e conciliação é impossível, em especial se temos a expectativa de uma solução imediata.

Lie-tzu (770 – 446 a.C) célebre mestre taoísta, conta a pequena história do homem cujo filho sofre um acidente e aleija um dos pés. Todos lamentam, menos o velho pai. Alguns meses depois o seu país entra em guerra e todos os jovens são convocados, menos o rapaz. Termina a guerra e o jovem se recupera.[21]

O que parece ser a melhor resposta em um momento nem sempre é. Na resposta correta não há dúvida. As quatro portas que se abrem são o tempo, o espaço, a direção e a abrangência da ação – o foco. Elas se abrem e se fecham conforme nossas escolhas e circunstâncias. E não é preciso se afobar. O tempo só é inimigo quando queremos controlá-lo.

• • •

A velocidade muitas vezes é usada para esconder as imperfeições.

E lembrava minha mãe, que deve ter ouvido da mãe dela:

— A pressa é inimiga da perfeição.

Uma apresentação de Aikidô feita com ritmo e velocidade sugere a beleza de uma dança. Para uma plateia de não praticantes é um bonito espetáculo. Mas, a rapidez na execução dos movimentos pode ocultar a má execução nos seus detalhes e esconder a ineficiência dos golpes e da defesa. Geralmente, junto com a rapidez vem a força na aplicação ou o uso de técnicas de jutsu – de defesa pessoal, das artes marciais tradicionais, muito úteis numa disputa.

Era preciso lembrar disso no dia a dia. As diferenças de opinião ou de visão não são um espaço para concorrência. A capacidade de cada uma das partes em apresentar as suas razões, com clareza e honestidade, pode levar a que rivais, em princípio, cheguem a um novo entendimento. Naturalmente, isso pressupõe escuta de ambas as partes e não é possível fazer com que a outra pessoa escute. A nossa escuta pacífica, contudo, poderá operar mudanças.

Ajustar o ritmo é fundamental. Meu ritmo, assim como a minha loquacidade, podia excluir as pessoas. E eu, ficando sem companhia, pela pressa. Mesmo quem se encontra ao lado perde o fôlego e não acompanha, e, para continuar junto pede para ser carregada. O peso aumenta.

Pensar rápido, agir logo, imediatamente e ajeitar depois, se for o caso. Isso esconde a impaciência que disfarça ansiedade, medo. O fazer acelerado é a tentativa de driblar o não acontecido e se antecipar para controlar os acontecimentos antes do fato. Uma impossibilidade que dá a ilusão da potência.

Um passo, depois outro passo, mais um, mais um e quando nos damos conta, estamos onde é possível estar. “Panela vigiada não ferve” e quanto mais queremos que o sinal verde abra, mas o vermelho parece congelado.

O discípulo animado com a sua nova condição de aluno do mosteiro pergunta ao mestre:

— Quanto tempo para eu aprender os segredos da iluminação?

21 LIEZI. Chong XU Jing (título original), Vazio Perfeito. Tradução e notas de Chiu Yi Chiu. São Paulo: Mantra, 2020.

E o mestre – pensando...

— Hummm, uns 10 anos.

E o jovem:

— Mas mestre, se eu praticar diariamente 8, 10 horas por dia?

— Bem, nesse caso, penso que uns 20 anos...

Não é pressa que faz as coisas acontecerem no tempo desejado; é o cuidado nos passos. A intensidade contribui, mas ritmo é importante. São as paradas que definem a melodia. A natureza tem um ritmo. O corpo tem um ritmo. As falas, pontuadas por uma respiração tranquila, também tem um ritmo e transmitem segurança, afetividade e honestidade.

O entusiasmo não pode ser o ímpeto, como o fogo na palha, que ilumina brevemente, mas não se sustenta. O processo de realizar quando experimentado como um caminho que se percorre com atenção e vontade, mesmo irregular e perigoso, nos alegra.

A disposição para aprender, com curiosidade e mente aberta proporciona a criação de novas redes ou sinapses no nosso cérebro. Elas se organizam para apresentar novas soluções quando relaxamos.

Nakamura-Sensei não se agita. Pega na minha mão e mostra o ponto onde eu devia segurar, vira para indicar a posição, aponta com ela para a direção aonde devo ir. Repetimos dezenas de vezes – *Slow, slow*, – devagar, devagar – para que compreenda. E quando compreendo, para que faça novamente. E quando faço outra vez, que faça mais, outra vez sempre – *slow, slow*... devagar, devagar.

Ao final de meia hora, o movimento estranho se torna familiar. Posso executá-lo com facilidade – *slow, slow* e Nakamura-Sensei fala – So, So – *good, good, good.*

Para aprender não bastava apenas repetir – tem o mito das dez mil vezes –, mas o resultado depende mesmo de fazer muitas vezes do jeito certo, com ajuda de uma instrução generosa, calma e paciente.

Indo lentamente podia sentir os pontos que precisam ser tocados, a tensão em cada um, transferindo para o corpo, para as sensações, um novo aprendizado.

O corpo ensina o cérebro quando experimenta as sensações. Se não se observa, as reconhece e aprecia, o cérebro não aprende. Para sentir é preciso tempo, silêncio, atenção. E ajuda.

Devagar, devagar – não é o lento, indolente, é o natural. Assim quebram as ondas do mar na praia; assim desabrocham as flores. Resistir é inútil.

• • •

12

ATALHOS E LIMITES

Produzir "cortina de fumaça" é um recurso utilizado na comunicação. No universo pessoal dos relacionamentos é um truque para desviar a atenção de um assunto ou de uma situação com a qual não se deseja lidar. É um problema fictício ou não urgente ou importante que entra na pauta para desviar do que de fato está acontecendo. As "chantagens emocionais" estão nessa categoria. Choros, males súbitos – para não enfrentar que bateu o carro e amassou a lateral no pilar da garagem, por exemplo.

Governos que se sentem encurralados por denúncias, em mau momento de popularidade, tentam criar focos de atenção para que o público se distraia dos verdadeiros problemas. O novo evento mobiliza a sociedade e pode livrar os líderes de uma cobertura negativa pela imprensa, além de mobilizar o eleitorado.

A invasão do Iraque pelos Estados Unidos e Grã-Bretanha em 2003 serviu ao interesse da política interna para fortalecer os governantes dos dois países quando a opinião pública lhes era desfavorável. Foi criado um inimigo comum – Saddam Hussein. Divulgou-se que o ditador iraquiano teria armas de destruição em massa.

O discurso de ódio e medo aglutinou eleitores de George Bush e Tony Blair, que experimentaram bons momentos de popularidade, justificaram a invasão ao Iraque embora nunca tenham se confirmado as acusações que justificaram o ataque ao país. As acusações contra Hussein foram uma cortina de fumaça que servia a propósitos políticos e talvez econômicos.

Um gesto pode distrair e tem o dom de esvaziar um ataque.

O Atemi é o gesto no Aikidô que distrai o atacante e facilita a defesa. É feito por quem está sendo golpeado e cria espaço de proteção, sem a intenção conter ou contra-atacar. O que se faz é simular um contra-ataque, mas não o efetuar, estendendo um punho fechado como se fosse socar a outra pessoa, no ponto em que ela se expõe com maior vulnerabilidade. Ao fazê-lo, a regra é abaixar o corpo e levar um dos pés para trás. Isso desequilibra a outra pessoa. O atacante perde resistência e fica suscetível a ser conduzido.

É necessário aprender a usar táticas distrativas, em especial quando nos encontramos numa situação de risco. É moralmente defensável numa discussão, por exemplo, quando trazemos elementos novos que exaurem as possibilidades de sermos escutados naquilo que desejamos. É um artifício de tempo, que redireciona a conversa.

Um aspecto essencial para o redirecionamento bem-sucedido é a sua intencionalidade. Se o "atemi" visa ofender, controlar ou conter numa demonstração de agressividade, a energia desse sentimento é imediatamente sentida e provoca uma reação contrária. Se a intenção é ludibriar, pode haver um ganho imediato, mas virão com perdas adiante, como o descrédito relatado na história dos mandatários presidente e primeiro-ministro que mentiram para atacar o Iraque.

Criar uma distração é uma maneira de ganhar tempo para colocar as coisas no lugar e poder manter a intencionalidade. No tatame de Aikidô é uma lição importante.

Kanji nº 6: Existência Universal Amorosa.

Caligrafia e significado cedidos por Anno-Sensei à autora, com tradução de Takashi O-ta.

O Atemi é a habilidade de desviar o ataque, distraindo. Funciona para definir a distância que protege quem está para ser atingido porque amplia o espaço. Ele é parte de um novo movimento para trazer o parceiro para si, não para aniquilá-lo. Pela expansão do movimento reduz-se o foco do embate.

Se o nague, a pessoa que recebe o ataque, é resistente e tenta conter a outra com o uso de força física, oferece em consequência apoio para o uke resistir. O contato se transforma em competição, o mais forte, mais hábil e mais treinado domina.

A comunicação entre as pessoas não se dá linearmente, apenas através de um discurso organizado logicamente. Tem subtextos que ficam implícitos no mais sutil tom de voz ou em um gesto quase imperceptível. Por exemplo, se estamos numa sala e eu sinto calor e, olhando para o aparelho de ar-condicionado, digo — Está calor, né?, a minha mensagem é: — Podemos aumentar o ar-condicionado?

A intenção que pode ficar quase escondida é revelada na atenção do contato. Mesmo que nada seja dito, o corpo percebe a responde. Primeiro o corpo reage, pelas sensações, depois o cérebro, pela compreensão.

O "atemi" é uma distração para esvaziar a motivação destrutiva, portanto mais um recurso para que possamos redirecionar a energia da outra pessoa para uma nova paisagem, e colocar limite para o outro exige ação sábia.

* * *

Nakamura-Sensei faz um dos golpes básicos do Aikidô. Já repeti essa técnica algumas centenas de vezes ao longo dos anos de treino. Somos apenas ele e eu no tatame. Anno-Sensei acompanha. Nakamura-Sensei se movimenta lentamente. Enquanto recebo a técnica, observo como ele a aplica. O que haveria ali para mim?

Mecanicamente, seguindo o instinto de quem se sente à vontade com o que acredita saber, faço a minha parte. Nakamura-Sensei oferece uma resistência mínima. Eu percebo que a facilidade com que eu vinha aplicando o golpe não significa que estava correta. Diante do pouco que ele faz, não consigo aplicar.

Com um simples gesto, ele demarca o limite entre nós.

Levanta uma das mãos como se fosse uma espada, cuja lateral é o corte. Aponta a mão no meu rumo como se me cortasse verticalmente ao meio.

Ao mesmo tempo move com fluidez um dos pés para trás e me desloca, quando eu tento agarrar-lhe o braço. Numa sincronia perfeita, ele se vira, eu viro junto, irresistivelmente.

Repetimos o kata. Várias vezes.

Quero descobrir o segredo que me escapa. Novamente, Nakamura-Sensei mostra o seu braço estendido na minha direção, coloca limite à minha entrada.

Como se dissesse: – Não! Dono do seu espaço pode conduzir o seu corpo para onde deseja.

A correta noção do tempo e de espaço é essencial na prática de Aikidô. Reconhecer quando há uma abertura para uma ação, é a diferença entre a vida e morte nos campos de batalha dos samurais no Japão feudal, praticantes e inspiradores de artes marciais.

Durante a pandemia do Coronavírus, aprendemos sobre a importância de definir limites.

O braço estendendo à frente cria a fronteira para o contato. A partir daí, apenas os convidados podem entrar. O que ameaça, o perigo, deve ficar do lado de fora, o vírus, por exemplo.

Nakamura-Sensei dá uma aula sobre o não – como e quando dizê-lo sem culpa; o uso gentil de uma barreira protetora.

Ao penetrar no simbolismo do gesto, a técnica faz sentido.

E o que o kata me mostra e preciso compreender é que há riscos desnecessários e proteção possível com um simples não. Não quero, não gosto, não farei.

A condescendência em atender e ficar disponível todo o tempo cria obrigações e permite que as outras pessoas se sintam à vontade para entrar a qualquer momento no nosso espaço e identidade. Uma relação muitas vezes de dependência que nos faz sentir importantes, quando somos solicitados e incensados. Nesse caso e quando, diferentemente, criticados, tentando ser aceitos, nos curvamos às expectativas que não atendem aos nossos desejos e natureza, renunciamos à liberdade, abrimos mão da autenticidade e do bem-estar para agradar.

O organismo humano é dotado de um sistema autoimune. A sua função é criar barreiras para impedir a entrada do que faz mal e abrir as portas para o que faz bem à saúde. Há barreiras, um não, que nos protege.

Quando o nosso corpo não define limites, tudo pode entrar no nosso espaço, e nos engolir. Quando nossos desejos são ignorados, criamos resistência à dor e desatentos ao que ela mostra, surpreendemo-nos quando a doença aniquila. Ao não nos darmos conta do que está acontecendo, absortos em atender as demandas que oferecem sensação ilusória de segurança, de estarmos sendo incluídos, aceitos e amados, perdemos o nosso espaço de expressão do ser.

Ensinar à mente, repetindo, se preciso, centenas de vezes, o gesto que afasta o invasor exige foco, concentração, treino. Basta levantar a mão, estender o braço e o mesmo pé à frente, e está definido o espaço. Simples, mas exige reconhecer que nem tudo está disponível para o outro.

Aos poucos, aprendo que se abrir à outra pessoa não é manter a porta escancarada e sem trinco.

Naqueles quinze minutos com Nakamura-Sensei, iluminou-se a minha prática com o significado do limite. O limite não é negação, repulsa e agressividade, é a responsabilidade de ser compassivo e cuidadoso conosco mesmos.

Autoproteção e cuidado na relação com a outra pessoa ajuda a construir comportamento não reativo. Ao experimentar o próprio espaço limitado por aquilo que podemos e queremos, é possível exercitar a liberdade de criar, de fazer escolhas autênticas.

O limite é bem-estar; a consciência de fazer parte de um ecossistema cujo equilíbrio depende de que cada qual tenha o seu lugar respeitado, e isso será muitas vezes identificado com um "não, obrigada!"

Era pouco mais que 5h40 da manhã da quarta-feira. Noriko manda uma mensagem avisando que irá me buscar no hostel para irmos ao Dojô. Eu deveria esperar a cerca de 100 metros do hostel, na via principal para quem segue para mie, onde fica o Funada.

— Hoje não temos treino. Será Maturi do O'Sensei às 19h30, respondo.

— Vou lá para me certificar. Se não tiver ninguém faço o meu treino e depois volto. Já estou acordada mesmo. Você vem comigo?

Meu impulso era responder sim, eu iria com ela. Afinal, era tão gentil comigo, que mal haveria em lhe fazer companhia mesmo quando não havia me programado? Cheguei a digitar a mensagem confirmando. Mas... não. Não queria ir. Estava aproveitando a hora para descansar. Chovia e eu preferia ficar onde estava.

— Obrigada Noriko, mas não vou com você. Gostaria sim de ir junto quando for para o Dojô à noite.

— Está bem. Eu aviso. Até mais tarde!

Limites funcionam como proteção e autoexpressão.

Mas, há ainda um desafio oculto aí.

Experimento muitas mudanças nas últimas doze horas. Tem momentos em que me sinto plena, realizada, confiante, para daí a pouco me encher de dúvidas e temores. As perguntas querem respostas simples, objetivas. Afinal, o que estou fazendo aqui? O que venho buscar e aprender?

Gostaria que todas as questões tivessem já sido compreendidas a essa altura da vida, com mais histórias vividas do que tempo adiante para novas experiências. Mas, o possível é o que experimentamos a cada dia.

O Aikidô como caminho e prática para o relacionamento – a comunicação – exigência humana de sobrevivência, mesmo entre os eremitas – deixa de ser um exercício confinado ao tatame, é uma simbologia que mostra os desafios da convivência humana.

A leitura dos movimentos e as constantes revelações que traz, possíveis quando se expande o seu significado, são desconcertantes. Porque tocam em pontos cegos, subitamente expostos. A linguagem silenciosa dos gestos e dos corpos são uma tradução de desafios e apontam na direção em que as dificuldades podem ser transformadas.

Há faróis acesos em cada ponto do caminho.

Uma constante onda que mexe com as minhas emoções exige minha adaptação.

Da noite clara à manhã cinzenta e chuvosa. Assim na alma, com o coração antes inquieto, agora já permitindo o meu corpo relaxar e escutar também. Era necessário primeiro superar o passado recente e a mente se esvaziar para o novo. Os pequenos e grandes traumas podem ser redimensionados para que deixem de afetar o presente.

Começo deixando distante o meu desembarque em Tóquio. Enfrentei, ao lado de centenas de pessoas de outros tantos voos, tumulto na liberação da imigração. Quatro longas horas de espera em filas incompreensíveis, sem direito a água, cadeira, banheiros ou a reclamações.

O aplicativo, cujo uso era recomendado para um atendimento rápido no desembarque, e no qual eram preenchidos os formulários com as informações para imigração e o desembaraço ágil, não cumpria o prometido. Funcionários do aeroporto andando para todos os lados perplexos com a multidão pareciam não saber o que fazer.

Agora, no treino, as lembranças daquelas horas estão cada vez mais desfocadas. O desconforto ganha a dimensão de uma história para contar. Não é o espelho de algum tipo de sofrimento. Era até possível rir daquele passado.

Olhar com gentileza e humildade muda a lembrança e o impacto dos acontecimentos.

Em 2011, a região de Kumano, onde está localizada a cidade Shingu, foi abatida por um dos maiores tufões de todos os tempos. Cidades ficaram inundadas, estradas interrompidas, casas desabaram, pessoas morreram. Entre as construções que foram arrastadas pelas águas estava a casa de Anno-Sensei.

— Quando consegui falar com Anno-Sensei ao telefone ligando de Santa Cruz, na Califórnia – conta Linda Holiday – a voz de Sensei estava tranquila e ele me falou que foram embora muitas coisas que ele não precisava mais. Ele é assim, aceita sem drama. Segue com o fluxo.

Quando as tempestades varrem a terra, arrancam árvores, destroem estradas, pontes, casas e vidas, revelam a própria força, mas o furor é incontornável pela impotência individual. A aceitação de cada dia facilita seguir adiante.

Anno-Sensei é curioso. Admira com cuidado.

— Todo dia o treino é diferente, deve ter algo novo. E aprendemos com as pessoas mais experientes e mais avançadas e com as menos experientes também. De cada uma recebemos alguma coisa.

A mesma naturalidade com que aceita as tragédias, Anno-Sensei mostra na condução do treino. A mesma pessoa que reconhece a força do tufão, das tempestades, das perdas, se alegra na aula "aprendendo com cada pessoa que está treinando no tatame, e crescendo no Aikidô", diz ao encerrar uma das aulas, que dirige sentado em uma cadeira no canto do Dojô.

A ideia, segundo a qual, ensinam apenas os que "sabem" e que tem reconhecimento formal e institucional, despreza o fato de que as diferentes histórias, com os acontecimentos particulares também possuem riquezas a serem compartilhadas.

A comunicação direta também acontece na oferta nem sempre intencional de "ensinar" e pode conter sabedoria. Para que aconteça, deve-se eliminar julgamentos, manter o olhar limpo e o coração aberto. A natureza ensina, doenças ensinam, esbarrões, crianças – os trancos que assustam contêm lições.

O sentimento de gratidão do professor pelos praticantes impregna o ar do Funada Dojô. E esse sentimento começa no mestre e se espalha contagiando todo o ambiente.

O treino é fluido e alegre. Novos conhecidos e já velhos amigos. Homens e mulheres vindos de diversos países, com diferentes idades, e história de vida e paixão pelo Aikidô. Confiantes que Anno-Sensei tem sugestões para responder as dúvidas que estão muito além das técnicas de dominação.

— É preciso inspirar (com a respiração) o parceiro, juntar-se a ele e assim realizar a harmonia. Dessa maneira, se consegue o Aiki (energia amorosa). Fazer devagar, com amplitude, precisão, insiste.

É preciso criar espaço para o outro, aprender a deixar ir o que passou e receber o novo com curiosidade. Estar presente e disposto a dar e a receber. Mas as oportunidades não aparecem sempre com clareza.

• • •

13

O ESPÍRITO DA SANGA

Nas tradições budistas, o praticante aprende que a libertação do sofrimento compreende o seu compromisso em votos de refúgio no Buda – aquele que é o modelo, no Darma – os ensinamentos, e na Sanga – a comunidade de semelhantes que apoiam, estimulam e segue junto.[22]

Um exemplo de conceito de Sanga são os A.A. – Alcoólicos Anônimos, o qual, a exemplo de grupos de apoio, faz com que os integrantes se reconheçam entre si para compartilhar dificuldades e saídas, sabendo que há recaídas, dificuldades de todo o tipo. E para serem vencidas solicitam o amparo de pessoas que enfrentam desafios semelhantes e têm o mesmo propósito de superação.

Para o desenvolvimento no Aikidô não é diferente.

Primeiro a chegar, como normalmente acontece, Nakamura-Sensei, secretário do Dojô, confere o arranjo de flores de quatro dias atrás feito para o Matsuri – reunião feita no Funada em que antigos alunos e dojôs associados a Anno-Sensei prestam homenagem à memória do Fundador do Aikidô, morto 54 anos antes.

A maioria das flores ainda está bem viva, umas poucas precisam ser removidas do vaso. Nakamura-Sensei abre as janelas onde fica o kamidama – o altar – olha em volta, e abre também as janelas que abrem para a rua, paralelas ao tatame.

Faço o meu cumprimento de chegada. Estou com Hine-Sensei que me trouxe de Shingu para o treino da noite. Ele me dá carona – me busca em Shingu e me leva de volta aos sábados, depois da aula.

Hine-Sensei mora em Taiji, vilarejo próximo a Nachi, em Natsuura. Da casa dele, no alto, avista-se o mar, a enseada onde a pesca de baleias era a principal fonte de renda. Isso mudou em partes, mas apesar da pressão pelo fim da captura das baleias, a pesca ainda acontece.

— A carne de baleia é alimento das pessoas e faz parte da economia local, diz.

Visto o meu hakama – calça com largas pregas, preta, usada sobre o quimono quando se recebe a faixa preta, inspirada nos antigos trajes dos samurais e incorporada às tradições do vestuário japonês em várias formas – vou para o tatame.

Nakamura-Sensei está lá em seiza – sentado sobre os calcanhares –, aguardando. Em alguns minutos, o ruído na porta anuncia a chegada de outro praticante: Nada Sensei. Ele é instrutor também no Dojô de Ishimoto Sensei, aluno antigo de Ueshiba Sensei, 8 Dan, com quase 90 anos de idade. Alunos do Funada, de Anno-Sensei e de Ishimoto Sensei praticam e ensinam livremente nos dois dojôs.

Está quase na hora marcada para iniciar a aula, 19h30.

22 SAMTEN, Lama Padma. O sentido da Sanga. **CEBB**, 2021. Disponível em: https://www.budavirtual.com.br/a-decisao-de-se-tornar-budista/#:~:text=Na%20tradi%C3%A7%C3%A3o%20budista%2C%20o%20prop%C3%B3sito,tempo%2C%20de%20abertura%20e%20liberdade. Acesso em: 1. Out. 2023.

Togawa-Sensei surge com um sorriso, já de quimono, e vai entrando para vestir o hakama. Hine-Sensei sorri.

— Todos os alunos avançados! É o comentário de Hine-Sensei.

No tatame, apenas faixas-pretas experientes, eu, com um quarto Dan, e pouco mais de 20 anos de treino, a mais recente entre todos. São professores e praticantes antigos, treinados, que iniciaram os treinos no Kumano Juku Dojô, iniciado por Hickitsuchi Sensei e continuado por Anno-Sensei.

Nakamura-Sensei, o mais jovem instrutor começa a prática. Faz as sequências de alongamento e de relaxamento. Todos acompanhamos. Segue-se a ordem costumeira dos exercícios de cada treino. Então se iniciam os momentos especiais.

Hine-Sensei demonstra uma técnica com Irimi nague – entrada com o corpo para deslocar o parceiro, mudando a posição dele, desequilibrando-o a partir do deslocamento de peso para os ombros e das costas, segurando-o na região da nuca.

Essa é uma das técnicas básicas do Aikidô e pretende nos mostrar como nosso próprio deslocamento de corpo e de peso movimenta a outra pessoa, deixando-a vulnerável quando nos ataca.

Cada professor, cada Dojô, ensina a técnica com diferenças em detalhes que variam desde a colocação dos pés, à ênfase com que se segura o uke – o colega que ataca – e até na forma como a pessoa é projetada no tatame.

A escolha na maneira de fazer a técnica muda bastante, o que não pode mudar é a essência dela – a entrada com o corpo e a mudança de posição do uke antes que seja projetado.

O centro do ensinamento é demonstrar o deslocamento a partir do controle do próprio corpo. Um exemplo muito concreto do que fazem os guias em trilhas. Não é preciso falar, basta se mover que os que seguem acompanham. A tibieza, a vacilação na caminhada, confunde quem vem em seguida.

Hine-Sensei, dono de uma longa trajetória no Kumano Juku Dojô, por conta das suas próprias pesquisas desenvolveu características pessoais na aplicação da técnica. Tem foco na efetividade, ou seja, naquilo que muitos praticantes chamam de "marcialidade" da arte, não nos seus aspectos suaves, ou "energéticos", que insinuam ser uma coreografia.

Olhando Hine-Sensei, parece que ele está, de fato, estrangulando o uke, e a força com que a pessoa cai no tatame assusta.

Nas minhas conversas com Hine-Sensei aprendi sobre a dimensão espiritual da prática dele, a atenção que dá para os aspectos filosóficos e em especial a busca interna de autodesenvolvimento e de harmonia em todos os relacionamentos.

Contudo, assistindo à demonstração, aqueles movimentos parecem contradizer o que fala. Até que experimentei a aplicação, em mim, do golpe. O que senti foi o impacto de uma força imensa me deslocando sem atrito. Caí sem me dar conta do que estava acontecendo. Não houve retesamento, fricção, tensão. Não havia força física, dor ou desconforto, apenas caí.

Hine-Sensei podia mostrar a forma, mas não podia mostrar a experiência interna do corpo dele quando aplicava.

Repetimos o kata uns com os outros. Um outro professor vem em meu socorro.

Togawa-Sensei com seus pouco mais de 90 quilos e quase 1,80 metro de altura possui uma potência descomunal. Ele se movimenta com leveza e alegria. Dá uma grande ênfase ao estado de relaxamento e me estimulava a aplicar nele a técnica que eu não poderia fazer usando força física – a diferença entre nós é enorme!

Os pequenos detalhes – da direção dos dedos das mãos à sincronicidade com os pés e os desvios para longe do ponto de ataque foi aos poucos fazendo com que pudesse realizar o kata com todos os companheiros de treinos e até merecer reconhecimento em alguma das execuções.

Não apenas comigo havia a gentileza de ajudar no aprendizado. Entre os Senseis que também estavam descobrindo novos e pequenos detalhes na realização do kata de Hine-Sensei, todos paravam para ajudar o colega e comemorar quando a técnica era feita.

Durante quase duas horas fizemos apenas dois kata, dois tipos de golpe. Cada um aplicado em todos e recebendo ajuda de Hine-Sensei. Cada um com a sua dificuldade e com a sua habilidade.

Um mesmo golpe oferecia diversos aprendizados. E, individualmente, tínhamos uma perspectiva diferente e sentíamos a técnica. Descobríamos que a aparência da força física e a efetividade no uso do kokyu – a respiração, a energia – era também inexistente. O debate entre "marcialidade" e "leveza" com kokyu não fazia o menor sentido.

Aprender a olhar exige experiência. E requer ajuda da sanga. Quando observamos, usamos as nossas referências, e a nossa memória define os significados daquilo que vemos. O velho ditado popular: "nem tudo que reluz é ouro", é uma advertência.

Naquele sábado à noite experimentei e pratiquei com os Senseis a realização de movimentos com grande poder, extremo vigor, cuja aparência era de um treino físico. Os movimentos, entretanto, eram feitos com o corpo de Aiki – relaxamento, como expressões de energia interna realizados, por meio do kokyu-ho, um método de respirar.

O poder do grupo e o respeito às instruções me mostraram que nem sempre enxergamos o que acontece – mesmo quando juramos ver. O abrir-se para a experiência com humildade faz do desconhecido uma nova possibilidade.

Segue o treino.

• • •

Se uma comunidade tende a amparar seus integrantes, as separações acontecem e é comum ouvir que as pessoas se afastaram porque cresceram separadas.

Compartilhar propósitos, ter ritmo semelhante e visão convergente fortalece os vínculos. Por outro lado, isso não significa que só podemos crescer em guetos. É necessário manter a harmonia além dos espaços da comunidade, além das afinidades.

Estar em harmonia não significa concordar e ter interesse em comum com todos. Seria impossível. As diferenças estão à vista na natureza: há seres diversos, de insetos que vivem 24 horas a tartarugas que podem chegar a 200 anos. O pinheiro Matusalém vive há milênios[23] enquanto a dama da noite (*Hylocereus undatus*) do nosso jardim, menos de doze horas.

Cada ser se desenvolve com características diversas e necessidades correspondentes, ou numa citação do filósofo Sêneca "o trabalho é inútil se enfrenta a oposição da natureza".[24] As relações que nos ajudam a sobreviver dependem do equilíbrio que se mantém na diversidade, embora os iguais sejam essenciais como suporte. A colmeia funciona na cooperação e se produz o mel. O atendimento às demandas de cada espécie e sua organização interna asseguram a sobrevivência.

É a harmonia que garante a diversidade. Seguir em harmonia é um exercício permanente de ação, exige reconhecer diferenças e escutar, em que a curiosidade é decisiva. Da curiosidade surge a empatia, e da empatia pode vir a compaixão, e o amor – o "grande Amor" de que falava O'Sensei, que á a expressão do Musubi.

Musubi é o bolinho de arroz que junta todos os grãos sem desmanchá-los.

O Musubi, em Aikidô, é o ato de se misturar com o parceiro sem opor-se a ele ou a ela. Quando o encontro é genuíno, a conexão se dá na profundeza da alma onde todos os seres se encontram: no repartimento da vida. Na reunião pela experiência de se estar vivo, compartilhando o ato de existir, independente de quanto viver, do tipo de existência, dos desejos e das necessidades.

A grande barreira do musubi é a tentação de amassar os grãos de arroz.

Encontrar aquele lugar da alma, em que as barreiras de quem acreditamos ser, por referências externas – elogios e críticas – exige coragem e trabalho. É aí onde se aloja a dimensão oculta da arte.

Embora feita com alegria e prazer, a procura nos desaloja do conforto do conhecido. Quando se acostuma a ter o algoritmo do dia a dia com todos os processos mapeados, as preferências e atitudes já determinadas, a possibilidade de não ter tudo ao alcance de um clique pode ser chocante.

Trocar a repetição automática e mecânica para auto-observação compassiva, mas analítica, mantendo a mente de principiante, curiosa, aberta, e perplexa – mas não imobilizada – diante do mistério que é a própria vida – dentro e fora do tatame. O risco de vida e

23 WELCH, Craig. Qual é a árvore mais antiga da Terra? Ela sobreviverá às mudanças climáticas? **National Geographic**, 2022. Disponível em: https://www.nationalgeographicbrasil.com/meio-ambiente/2022/06/qual-e-a-arvore-mais-antiga-da-terra-ela-sobrevivera-as-mudancas-climaticas. Acesso em 1. Out. 2023.

24 SÊNECA. **Sobre a tranquilidade.** Tradução: Débora Isidoro. Jandira, SP: Principis, 2021.

Kanji nº 7: Amor divino.

Caligrafia e significado cedidos por Anno-Sensei à autora, com tradução de Takashi O-ta.

morte – do ataque sincero que permite adaptação e resposta eficaz e compassiva – o Musubi – são lições muito além do tatame.

— E você, por que pratica Aikidô?

A resposta mais simples é:

— Porque gosto.

Alfonso pisca os olhos e sorri. Mas parece distante. Ainda procura resposta à pergunta simples.

Eu insisto. A questão era também minha.

— E gosta como?

Aos poucos aparece o significado oculto da escolha, conduzida pelo fio invisível da dor.

— Sempre fui tímido e inseguro. Achava que em nada era bom o suficiente. E sempre senti necessidade de me movimentar. Sou inquieto.

Veterinário, apaixonado por cavalos, Alfonso é um espanhol, Aikidoísta, que vai se tornando japonês depois de mais de uma década morando no Japão profundo – em Shingu, e agora em Osaka, casado com uma japonesa, me convida para acompanhá-lo, ao lado de Yumi, amiga japonesa residente na Espanha e o grupo de espanhóis de passagem pelo Funada Dojô, à Toy Toy Farm de Morita.

Sentados no banco de trás do carro, tínhamos espaço para conversar lado a lado sem a barreira do idioma. Dirigindo, Chiori entretinha Anno-Sensei.

— Sim, e o que o Aikidô trouxe para a sua vida?

Eu repetia a pergunta que tinha ouvido outras vezes e cujas respostas variavam do não sei a uma longa explicação acerca dos benefícios da arte com o bem-estar físico, produção de endorfina e serotonina, melhoria das articulações... a bem-aventurança do mesmo tipo que acontece na satisfação de uma dependência química ou de outros tipos.

Alfonso fica uns instantes em silêncio.

A resposta seria mesmo simples:

— Eu gosto.

Enquanto o vício produz um alívio imediato e temporário para a ansiedade e a angústia, gerando a médio e longo prazos danos que chegam a matar o indivíduo, a atividade "saudável" também pode esconder a tentativa de se sentir livre dentro do próprio ser. Mas, então aí, por diferentes motivos, perde-se a liberdade?

Divagava mentalmente incomodada com o fato de estar tentando confrontar Alfonso para que me explicasse por que eu mesma me dedicava tanto a arte, substituindo potenciais horas de convívio social e familiar por longas jornadas de treino em finais de semana, feriados, e quase todas as noites da semana.

Eu estava ali, a milhares de quilômetros de casa, no Japão atrás de respostas.

Mudo a pergunta.

— Como você percebe, em você, o Aikidô?

Alfonso fica em silêncio durante alguns segundos, ganha fôlego numa respiração profunda.

— Mudou a maneira como eu me comporto. Antes eu me sentia obrigado a ajudar as pessoas. Quando vinham visitantes da Espanha, por exemplo, eu ficava à disposição. Sentia que era esperado que eu ajudasse – fizesse tradução, levasse aos lugares. Não estou dizendo que isso era ruim, mas eu tinha como uma responsabilidade. Isso não é mais assim.

Estar sempre ocupado é aplicar-se uma espécie de anestesia. A compulsão da ação impede que as dúvidas e emoções subam à superfície. O cansaço nos derruba antes da contemplação dos sentimentos. A mente se ocupa dos detalhes do fazer e bloqueia o contato com o que pode incomodar ou exigir atenção.

— Agora eu me vejo fazendo as coisas sem pensar que devo fazer. Faço gostando do que estou fazendo. Sinto vontade de estar com as pessoas, eu me divirto e me sinto muito bem. E outra coisa mudou, a minha relação com os cavalos.

Na fazenda Toy Toy, Alfonso cuida dos dois cavalos de Morita. Ele aponta o grande cavalo branco.

— Não se podia chegar perto dele. Ainda hoje é arisco, mas mudou muito. Apanhou muito antes de chegar na fazenda, estava traumatizado. Qualquer pessoa que se aproximasse ele se espantava. Não deixava que montasse e era difícil tratar.

Alfonso substitui as ferraduras fixadas nos cascos por um tipo de "botinhas" que não machucam os cavalos. Chama a sua empresa de "*Barefeet*", pés descalços, que é como os cavalos cuidados por ele andam, sem as ferraduras.

— As ferraduras são para proteger os cascos. Os cavalos selvagens desenvolvem cascos duros que os protegem. Cavalos criados presos ficam com os cascos frágeis, por isso se colocam as ferraduras. Com o tempo, essas ferraduras machucam mais e os cavalos têm artrites. Antigamente se pensava que eram decorrência da velhice, mas hoje sabemos que não. As ferraduras fazem com que forcem uma parte das patas, que com o tempo endurecem e compromete as articulações.

Enquanto fala vai mostrando a paixão que sente em tratar a dor dos bichos e o quanto isso trata a sua própria dor. Faz isso com firmeza.

O exercício de aprofundar-se pela auto-observação tem diversas abordagens. O deixar o corpo livre para se movimentar com intencionalidade é um dos segredos do caminho do Aikidô. A consciência de si na relação com o outro – quando experimenta o risco da ofensa no ataque – pode se espraiar pela consciência do encontro em que o sobrepor-se deixa de ter importância.

O cavalo para. Permite que Alfonso trate, uma, duas patas. Quando ele pega a terceira, tenta escapar, arrancar a pata das mãos de Alfonso que, firme, não cede, falando baixinho com o animal que se rende à gentileza determinada dele.

— O Aikidô mudou como eu trato com os cavalos. Se eu pudesse ficar mais tempo, todos os dias, aquele ali, aponta para o cavalo branco ainda temeroso à aproximação com as pessoas, estaria melhor. Mas é o que eu posso, e ele vai ficar bom.

Fico me indagando se foi mesmo o Aikidô que trouxe essa serena descoberta de tanto afeto para ser oferecida às pessoas e aos animais. Olho com admiração o cuidado de Alfonso com os cavalos e reconheço nos gestos dele katas de Aikidô.

— Hoje sou mais confiante.

A estrada vai se desenhando pelas encostas da montanha. Do carro se ouve as águas do rio que as contornam.

• • •

14

A ESTRATÉGIA DO KI

Um bom vinho cria uma referência que permite a comparação com outros vinhos. O que se experimenta não pode ser "desexperimentado", o que se aprende não pode ser mais ignorado. Há uma expressão em inglês "*you can't unring a bell*" – não se pode "destocar um sino".

Perde-se, no aprendizado, a condição inicial da ingênua ignorância.

A Estratégia do Ki é uma metodologia que utilizo nas sessões de treinamento de executivos e políticos para comunicação interpessoal e para o contato com o público. As etapas permeiam todo o processo e muitas vezes se sobrepõem. É uma prática de atenção. Todavia não é possível chegar ao resultado – a autoconsciência (não confundir com autovigilância!) e a autenticidade – sem que cada etapa do processo seja experimentada. O resultado é comunicação compassiva a partir de escuta ativa e autopercepção. Assim é possível estabelecer vínculos que ajudam na construção do diálogo e ampliam a visão.

Treinos com bons guias – professores, instrutores, mestre, senseis – encurtam o processo de aprendizagem. Abrem novas capacidades para lidar com a realidade.

Na comunicação, a contínua descoberta se dá a partir das sensações, emoções, compreensão e propósito.

São lições do tatame e Anno-Sensei:

A EXPERIÊNCIA		O ANTÍDOTO
Resistências	Dificuldade de conexão Ausência de empatia	Curiosidade genuína Escuta
Emoções	Automação Defensividade	Paciência Presença
Postura	Tensão Rigidez	Respiração consciente Alinhar pés e centro
Fluência	Confusão mental Fala obscura	Simplificar Frases curtas
"Travas"	Bloqueios e medos Desejo de "agradar"	Auto apreciação Foco na ação

Receber instruções de Anno-Sensei abre novas possibilidades na prática do Aikidô, que se estendem à maneira como escolhemos viver. O *insight* que tive quando vislumbrei a Estratégia do Ki anos antes de encontrá-lo era uma pista que precisou ser seguida e, para isso, me abri aos mistérios que não poderia compreender ou tocar sem a ajuda de um professor.

Ainda hoje sei que estou arranhando a superfície dos ensinamentos, mas não me inibo em compartilhar benefícios do pouco que venho aprendendo.

Em Kumano, aberta aos seus ventos que traziam as palavras e ensinamentos de Motomichi Anno-Sensei e mais, no dia a dia de aprendizados com cada pessoa que me trazia suas dúvidas e dificuldades na esperança de que eu pudesse ajudá-las, foi possível reunir a intuição inicial do significado a arte e a prática de anos no tatame, para enxergar uma rota natural do Caminho.

神氣

素岐書

Identificar um passo a passo visa organizar as experiências para estabelecer melhores relacionamentos por meio de uma comunicação melhor. Escolhi o "DO" da energia vital, do Ki, esse elemento insondável da vida, mas que materializa todas as nossas intenções, potencialidades e escolhas. Ele mapeia e oferece princípios.

1. Sinceridade na busca da harmonia;
2. Honestidade no olhar para si e para enxergar a outra pessoa;
3. Cada momento contém a sua energia e serve a uma necessidade;
4. Beleza é parte da harmonia: relaxamento, postura, centro, ritmo;
5. Amplitude vem com a naturalidade e a intencionalidade;
6. Alegria – bem-estar – não depende de esforço;
7. Começar pela forma – pelo denso e concreto:
    a. A forma correta é a que não deixa abertura – observar distância e ângulo e se manter no próprio espaço;
    b. A forma correta completa o movimento e cria uma trajetória, sem bloquear o gesto inicial;
    c. A forma correta é um movimento único – fluido e amplia o foco;
    d. A forma correta é natural e simples;
    e. Não há **uma única** forma correta que atende ao corpo, circunstância, personalidade, intencionalidade;
8. Para ir para a frente, dar um passo para trás; para ir para trás, dar passo à frente – o impulso surge da direção oposta;
9. Marcar a distância a partir do próprio centro como a ponta do compasso, para se juntar ao centro da outra pessoa;
10. Praticantes de vida avançados e atentos constroem (o grande) sobre a forma (o pequeno);
11. Além do domínio da forma, toda prática é com Kokyu-ho (método de respiração);
12. Meditação é parte essencial do treino – de qualquer treino;
13. Não é possível sempre conciliar intenções diferentes. Escolha ser gentil e se afaste para integrar a sua Sanga;
14. Todo dia é diferente. Manter a mente de principiante: ter curiosidade, espantar-se, admirar-se e agradecer;
15. Kokoro no henko – movimentos na batida do coração definem o ritmo e o caminho: o abrir-se para o novo e recolher-se dentro dos próprios limites.

A Estratégia do Ki define processo e método.

1. Treinar para receber

RECEBER
O copo cheio expulsa o líquido novo
o copo sujo contamina
o copo quebrado não retém
o copo emborcado não recebe.

O copo limpo aceita o que lhe cabe.

Receber é essencialmente escutar. Para escutar, a posição em que nos colocamos é fundamental. Se muito perto, muito distante, mais ou menos tenso, tudo contribui para a seleção do que ouvimos e damos significado, ou seja, o que de fato escutamos.

E receber também diz respeito a aceitar – não é concordar – é lidar com a realidade, aquilo que é independente de nós e que nos afeta. O dia, a noite, a doença, a saúde, a morte, o prêmio, o desterro. Tudo faz parte.

Para receber é necessário manter a postura – o centro – fiel à própria natureza. Reconhecer-se diminui frustrações e bloqueios de escuta; manter o eixo, o equilíbrio do corpo e entendimento dos eventos.

Solte-se. Respire. Solte as articulações. Atenção, como o barco que flutua.

- Pare uma vez por dia em silêncio por cinco minutos.
- Respire conscientemente. Conte as respirações: até 4 para inspirar e até 6 para soltar o ar.
- Estique as pernas. Estique as panturrilhas. Dê cinco pulinhos com as pontas dos pés.
- Desenhe círculos com a cabeça, pelo lado direito e pelo lado esquerdo.
- Empurre os ombros para cima para tocar as orelhas e os solte de uma vez. Faça isso 4 vezes. A qualquer hora.
- Pense na sola dos pés. Experimente sentir como toca o chão. A qualquer hora. Algumas vezes ao dia.
- Não interrompa quem está falando. Escute.
- Conte até 4 antes de responder a qualquer pergunta.
- Devolva o envelope que chegou para você e era para outra pessoa.
- Receba suas encomendas. Use o prazo de devolução se não estiver satisfeito.
- Não guarde o que não lhe serve.
- Não reclame do calor. Ou do frio. Ou da secura. Ou da umidade. É assim.
- Durma mais cedo. Acorde mais cedo.
- Agradeça. O que vier.

2. Treinar para cair

No espaço da não resistência – física, mental ou emocional – as juntas, as articulações se mantêm "azeitadas". Isso faz com que na queda seguinte haja um ganho de habilidade para levantar. Porém, na queda, o corpo não pode ficar largado – as emoções donas do destino, a mente assolada pelas imaginações. A carruagem segue levada pelo condutor, que se mantém firme, mas flexível atento aos cavalos, cada qual tentando puxar para uma direção, são dominados a acertar o ritmo e o rumo.

Ao cair, proteja a cabeça, curve-se sobre o próprio peito e assim defenda o coração, criando o movimento de saída da queda, girando sobre o próprio centro.

"Sete vezes cair, oito vezes se levantar" – Morihei Ueshiba

CAIR
Depois que vivi a dor e a tristeza, reinventei a vida.

Renunciar ao controle. Para cair e levantar: flexibilidade, adaptabilidade.

- Chore se dói.
- Reconheça que há momentos muito difíceis.
- Ligue para os amigos. Não mande mensagem de WhatsApp.
- Conte e repita o que a faz sofrer. Você pode ser chata de vez em quando. Não fique com a "coisa" entalada.
- Evite "entender" e explicar o que acontece. Sinta no corpo onde dói.
- Limpe a agenda. Ocupar-se não ajuda. Desmarque compromissos.
- Caminhe. Vá a um parque, ou a uma rua tranquila. Olhe as árvores.
- Fale a respeito do que sente até aceitar e surgir naturalmente outro assunto.

3. Não há situação absoluta

Ilusões são fantasias da imaginação que tem uma cara de realidade e nos confundem. Entretanto, se olhamos de perto, com olhos limpos, sem desejo ou preconceito, as formas aparecem como são. Os nossos conceitos, preconceitos, sentimentos, experiências e todas as vontades turvam a vista e impedem enxergar ao redor. O definido e definitivo vira a âncora que nos prendem a um único ângulo de observação. Essa é a pobreza de quem se acredita rico de saberes e que os seus saberes são os únicos possíveis.

REVER
Olhei para lua cheia e vi São Jorge combatendo o dragão.
Olhei novamente e vi a lua.

Percepção e perspectiva. De cada posição avista-se o objeto por um ângulo.

- Pergunte. Escute a resposta.
- Desenhe um mesmo objeto várias vezes. Cada vez diferente. Mude as cores.
- Pare antes de concluir.
- Arrume gavetas.
- Tire roupas do armário que não usa e doe.
- Mude os móveis de lugar.
- Coloque uma flor num vaso sobre a sua mesa.
- Arrume as flores.
- Escreva uma carta para você no futuro contando como está aqui, agora.

4. Não há situação definitiva

A passagem do tempo tem ritmos distintos. O que para alguém é uma longa espera, para outras pessoas não passou de um estalo. Isso depende das expectativas – da ansiedade. Quando se quer dominar o tempo, fazendo-se prisioneiro dos desejos, ele desafia escoando entre os dedos e os segundos voam e são contados em dias, meses e anos.

O filho, ao nascer é um bebê e as noites de fraldas e choro são longas, mas olhando esse mesmo filho avô, o tempo passou tão rápido. E para cada instante está reservado um ritual.

ACEITAR
Primavera, verão, outono, inverno.
Primavera

Ciclos. Mudanças inesperadas, necessárias e repelidas. Inevitáveis. E cada uma tem recado e em todas elas a paciência traz sabedoria.

- Leia a carta que contou o seu passado no presente.
- Tome um longo banho morno.
- Tome um curto banho frio.
- Faça um chá. Espere esfriar sem fazer nada. Beba lentamente.
- Converse. Pode ser sozinha.
- Olhe fotos bonitas de lugares onde esteve, de pessoas que gosta.
- Faça uma massagem ou shiatsu, ou alongamento.
- Ouça música. Baixo.
- Dance.
- Converse mais.
- Espere alguns dias antes de buscar uma segunda opinião. Sobre qualquer coisa.

- Acorde cedo e veja como o dia começa. As cores no céu.
- Pare cedo e veja como o dia termina. As cores no céu.
- Durma cedo.

5. A circunstância define a técnica

Se o tempo muda, se o espaço muda, os fatos são outros. Os usos e costumes são diferentes para cada tempo, para cada espaço. Para atravessar o lago, o barco, para escalar as montanhas, a corda, para voar, asas, para rastejar é preciso uma barriga que não esfola.

Você imagina que "*one size fits all*" – um tamanho serve para todos? Ou que o tamanho é único que serve?

A preguiça em se adaptar cria fórmulas e esterilizam o contexto. Mas a circunstância não se contorce para caber nas respostas.

ADAPTAR
Na margem do rio, o barco, o barqueiro;
na trilha da montanha o bastão de caminhada,
a caminhada.

Não há panaceia.
As melhores respostas são aquelas que servem para aquele momento.

- Olhe com curiosidade.
- Pergunte com curiosidade.
- Aprecie com curiosidade.
- Experimente uma comida nova.
- Vá a alguma palestra sobre qualquer assunto.
- Leia poesia. Escolha um poema e leia em voz alta. Repita. Sinta a poesia.
- Vá a um museu ou a uma galeria de arte.
- Sente-se em um parque o observe as crianças brincando ou os skatistas. Alegre-se quando elas se alegram. É fácil sorrir.
- Faça uma coisa pequena, nova, todos os dias.
- Tenha um hobby. Revista-o com prazer.

6. Para cada problema há 4 saídas

Adaptação não é se ajeitar, acomodar-se para ficar na posição confortável em que os movimentos devam ser mínimos e as respostas, as mesmas. A habitualidade não enxerga novas respostas. O hábito cristaliza o conhecido e cria a covardia diante da vida.

Se uma resposta satisfaz, pode haver uma outra ainda que não foi descoberta. A dor oculta só aparece quando tocamos para desalojá-la da sua tarefa silenciosa de fazer o corpo diminuir os gestos, e criar compensações que lentamente vão estreitando as suas capacidades. Quando se acorda, um dia descobre que a mão não alcança a nuca!

MOVER
O diabinho tem a receita:
para que tudo fique como está,
fica como está.

Tempo, espaço, direção e intensidade são as variáveis indispensáveis.
O ambiente muda quando visto de perto ou de longe; e depende da companhia.

- Inverta a ordem dos slides. Comece pelo final.
- Almoce com pessoas diferentes.
- Pesquise. Além da Wikipédia. Vá a uma biblioteca.
- Peça opiniões. E escute.
- Escolha as opiniões que fazem sentido para você, mesmo se forem de especialistas. Eles sabem um pouco. Não sabem tudo. Você sabe alguma coisa.
- Conte 100 passos, cada quatro, um. Se se confundir ou se distrair recomece do início.
- Reprograme as férias: não volte aonde já foi. Mude a data. Experimente outra estação.
- Reagende programações, reformate convites, revise os conteúdos, repasse a lista de convidados.
- Desapegue-se do projeto.

7. Convide o outro a se mover junto com você

Gentileza é abrir espaço para a outra pessoa.

Abra espaço para o outro na dança que dançam juntos.

O desejo de ir é de quem vai, não de quem fica. Para ter companhia dê espaço e fique atenta ao ritmo.

CRIAR
Quantos bons dias tem um Bom dia?
Inúmeros bons dias.

Abrir espaço. Delicadeza, foco e precisão.

- Imagine que não há distância, nem barreiras no planeta.
- Imagine-se nesse planeta.
- Viaje em imaginação até um ponto distante – pode ser no céu. Fique aí uns minutos.

- Convide, mentalmente, uma pessoa com quem tenha dificuldade para ir a esse lugar com você. Fiquem aí em silêncio.
- Ofereça um lanche, um jantar, um abraço.
- Mande flores.
- Mande um livro.
- Mande um cartão impresso. Pelo correio.
- Visite uma pessoa doente.
- Limpe a casa.

8. O movimento começa e termina a partir de você

A intenção é a não intenção – para lidar com esse paradoxo – deixe-se livre que a sua natureza se manifeste.

Um problema é acreditar que sendo quem somos o estrago será grande. Mas, pense, a não ser que esteja numa condição de excepcional fragilidade psíquica e emocional, ou num excesso de condicionamento físico, os limites naturais já existem e protegem.

Se há uma intenção de poder, de controle, um desejo de trapaça ou de superioridade de qualquer tipo, não é a liberdade natural que está em serviço.

AMPLIAR
Na semente, a flor;
na flor, a primavera,
na primavera todas as estações.

Conexão, comunicação e liderança: autenticidade, liberdade, responsabilidade. Se o olhar cria a realidade, o movimento a transforma.

- Estude. Qualquer coisa.
- Desligue as notificações no celular.
- Durma pelo menos 7 horas por noite.
- Leia. Livros.
- Converse com crianças. Escute.
- Anote as suas ideias. Sem analisar.
- Sinta-se feliz. Bebendo água, caminhando, olhando o mar, olhando em volta.
- Sinta-se feliz. Deliberadamente.
- Olhe-se no espelho e sorria para você.
- Cante em voz alta.
- Corte os cabelos, pinte os cabelos, faça o que quiser com os cabelos.
- Vista uma calça xadrez com uma blusa estampada, ou vice-versa. Ou uma saia.

9. O ponto de atrito é o menor ponto do contato

Se eu olho o mundo por uma fresta, o meu mundo está na fresta. Por mais iluminada, interessante, bonita que seja, é uma fresta. As frestas são as crenças insuperáveis, as ideologias incontestáveis, as religiões decisivas, as ciências imutáveis, todos os saberes (inclusive a pretensão de saber alguma coisa como venho tentando fazer ao longo desse livro...).

Para se tornar um Buda – iluminado – é preciso matar o Buda (o iluminado de fora de nós). Os vínculos podem se fortalecer mais pelo que temos em comum – a vida – enquanto vivos, e a certeza da morte – admitindo-nos finitos – sem tantas certezas.

JUNTAR
O que nos separa são as nossas certezas.

Estender-se além dos muros.

- Mude o *script*.
- Comece pelo que junta: as boas lembranças.
- Ofereça tempo. Vá devagar.
- Ah, sim: escute. Escute.
- Conte a própria respiração meia dúzia de vezes. Antes de definir o que está certo e o que está errado. Pode ser nem uma das duas coisas.
- Espere e pergunte.
- Ofereça um lugar a alguém. Para sentar-se, para andar, para visitar.
- Pause um instante. Contemple. Só contemple.
- Movimente-se com gentileza, com firmeza. Sem titubear. Para qualquer lugar.

10.Não há vitória

Uma gota do mar nunca seca se é devolvida ao oceano.

SEGUIR
"Follow your Bliss".
Siga o que te faz feliz.
Joseph Campbell

• • •

15

MYO

A chuvinha fina continuava. Eu caminhava de volta a Shingu. Cruzar a ponte do rio Kumano e poder olhar a cidade de longe enquanto me afastava do Dojô era o que eu precisava. Pelo menos 40 minutos de silêncio, atenta apenas à estrada e à minha alma.

Eu já sabia onde guardar a chave do Dojô, como trancar e destrancar as portas internas para os *toilettes*. Onde guardar vassouras, como limpar o tatame e travar as janelas. Estava aí há dois meses e era de casa.

Preparava-me para a despedida. A mala grande arrumada havia dois dias e entregue ao despachante que a levaria a Tóquio. No trem que iria embarcar daí a poucas horas o espaço era restrito para grandes bagagens. O conveniente e recomendado era despachar antes. Iria mais leve, apenas com uma mala pequena, de mão, a mochila com o notebook.

As lembranças já começavam a se formar como se a minha estada houvesse sido um sonho vivido há muito, tantas as peregrinações da alma e do corpo.

Eu me virava olhando a Lawson, loja de conveniências adiante, o supermercado de tantos bentôs, a doceria na esquina, o muro do castelo em ruínas, as montanhas em volta. Tudo tão familiar! O que há poucos meses seria um mundo a ser descoberto, agora era parte minha. Uma nova saudade me apertou ou peito.

Pensava no presente mais recente. Tinha ganhado um kanji – um novo nome.

Anno-Sensei ao lado dos kanjis com Takashi O-ta. Funada Dojo. Mie, Kumano. Maio, 2023.

Anno-Sensei chegou ao Funada Dojô poucos dias atrás e abriu o pequeno maço de folhas de papel arroz em que faz o shodo. Estende a folha de papel na minha frente.

— "Esse é o seu nome, – diz com um sorriso – Myo.

— Myo... O que significa Sensei?

— Uma pessoa diferente, estranha...

Ele procurava as palavras com cuidado para me explicar, parecia temer que eu não compreendesse e poderia me sentir talvez incomodada.

— Sensei, estranha como, ruim?

— Não, não – ao contrário, diz satisfeito.

Tinha um novo nome, como as pessoas convertidas a uma nova condição, num ritual de passagem, assumem novas responsabilidades. O novo nome deveria ser bordado no hakama, a calça preta do treino. Lembro emocionada da delicadeza da atenção. Um novo nome, para uma antiga identidade que ia se desfazendo de velhas crenças.

Sento-me no banco de madeira da estação de trem, olho pela janela e o vejo. Anno-Sensei cruza a porta de entrada. Eu aguardava o horário da chegada do trem que me levaria para Nagóia, daí a uns 40 minutos. Não podia acreditar que ele viera da sua casa em Mie, em pleno domingo, para se despedir.

Acenou com alegria. E veio caminhando com disposição até onde eu estava.

Sentou-se no banco e tirou um envelope do bolso da jaqueta. Era uma mensagem escrita.

Abriu a folha de papel e começou a leitura. Uma carta. Acionei o *Google Tradutor* para entender minimamente o que dizia. Um tributo à amizade, uma recomendação, uma homenagem.

"*Respeito e afeição por Olga Sensei*

Quem pede com coração verdadeiro, expressa coragem e abre as paredes do seu coração.

Embora tenhamos nascido e sido criados e falemos idiomas de maneira diferente, nossos pensamentos e os corações de alguma forma encontram uma maneira de se fazerem entender.

Em relação a ser professor, o que é mais importante? Amizade (sentimento de companheirismo).

A comunhão que difundimos no mundo, a profundidade com que a expressamos, é o que é receber.

Portanto, a nossa própria vida se torna mais ampla e profunda.

A comunhão duplica a nossa alegria e reduz pela metade a nossa tristeza.

Cabe a nós expressarmo-nos e abrir o peito aos outros.

Esta é a conversa de companheirismo e paz.

Pelo bem de todos, oramos e encorajamos os outros e falamos.

Ao fazer isso, progredimos e nossos corações recebem força através do forjamento.

Para o benefício de todas as pessoas, criamos os pilares da paz, da cultura e da valorização.

Continuamos assim na vida, expressando gratidão... gratidão."

2023 – 05 – 21

MOTOMICHI ANNO

A aventura segue. Os ventos assopram em Kumano e se espalham pelo mundo.

Anno-Sensei com Suzuki-Sensei na estação de trem de Shingu, despedindo-se da autora. Maio de 2023.

Kanji nº 9: Myo.

Caligrafia e significado cedidos por Anno-Sensei à autora, com tradução de Takashi O-ta.

REFERÊNCIAS

DAISSEN. O único que entendeu, 2012. Disponível em: https://www.daissen.org.br/o-unico-que-entendeu/. Acesso em 01. Set. 2023.

DAMÁSIO, Antônio. **A estranha ordem das coisas**: As origens biológicas dos sentimentos e da cultura. São Paulo: Companhia das Letras, 2018.

DAMÁSIO, Antônio. **Sentir e saber**: As origens da consciência. São Paulo: Companhia das Letras, 2022.

DONNE, John. No Man is an Island. In: **Devotions upon Emergent Occasions**. Disponível em: https://tfl.gov.uk/forms/12393.aspx?ID=32#:~:text=No%20man%20is%20an%20island%2C%20entire%20of%20itself%3B%20every%20man,I%20am%20involved%20in%20mankind. Acesso em: 20. Fev. 2024.

DUNKER, Christian. **Lutos Finitos e Infinitos**. São Paulo: Paidós, 2023.

EKMAN, Paul. Disponível em: https://www.paulekman.com/ Acesso em: 20. Fev. 2024.

GIBRAN, Kalil. **O Profeta**. São Paulo: Martin Claret, 2013.

LIEZI. Chong XU Jing (título original), Vazio Perfeito. Tradução e notas de Chiu Yi Chiu. São Paulo: Mantra, 2020.

ROSENBERG, Marshall B. **Comunicação não violenta**: Técnicas para aprimorar relacionamentos pessoais e profissionais (nova edição). São Paulo: Editora Ágora, 2021.

SAMTEN, Lama Padma. O sentido da Sanga. **CEBB**, 2021. Disponível em: https://www.budavirtual.com.br/a-decisao-de-se-tornar-budista/#:~:text=Na%20tradi%C3%A7%C3%A3o%20budista%2C%20o%20prop%C3%B3sito,tempo%2C%20de%20abertura%20e%20liberdade. Acesso em: 1. Out. 2023.

SÊNECA. **Sobre a tranquilidade**. Tradução: Débora Isidoro. Jandira, SP: Principis, 2021.

SIMONS, Daniel Simons; CHABRIS, Christopher; ANDRADE, Angela Lobo de. **O Gorila Invisível** – e outros equívocos da intuição. Rio de Janeiro: Rocco, 2011.

TAKEMUSU AIKIDO AND MARTIAL ARTS CHANNEL (Youtube). Morihei Ueshiba talks about Aikido with Terry Dobson. Disponível em: https://www.youtube.com/watch?v=SPJusGZywW0&t=27s. Acesso em: Set. 2023.

URY, William. **Possible**. Disponível em: https://www.williamury.com/. Acesso em: 20. Fev. 2024.

WELCH, Craig. Qual é a árvore mais antiga da Terra? Ela sobreviverá às mudanças climáticas? **National Geographic**, 2022. Disponível em: https://www.nationalgeographicbrasil.com/meio-ambiente/2022/06/qual-e-a-arvore-mais-antiga-da-terra-ela-sobrevivera-as-mudancas-climaticas. Acesso em 1. Out. 2023.

WEIL, Pierre; TOMPAKOW, Roland. **O corpo fala**: A linguagem silenciosa da comunicação não verbal. Petrópolis: Editora Vozes, 2015.